Mein Schweinehund geht jetzt zu Fuß

Marco von Münchhausen, ursprünglich Jurist, ist heute Speaker, Trainer und Autor mehrerer Bestseller. Mit den psychologischen Hindernissen auf dem Weg zum Erfolg und zur richtigen Lebensführung beschäftigt er sich seit vielen Jahren. In seinen Vorträgen und Seminaren hat er bereits mehr als einer halben Million Menschen zeigen können, wie sie ihren inneren Schweinehund sogar zum besten Freund machen.

Marco von Münchhausen

MEIN
SCHWEINEHUND
GEHT JETZT
ZU FUSS

Nachhaltig leben
mit einfachen Mitteln

Illustriert von Gisela Aulfes

Campus Verlag
Frankfurt/New York

ISBN 978-3-593-51382-9 Print
ISBN 978-3-593-44662-2 E-Book (PDF)
ISBN 978-3-593-44661-5 E-Book (EPUB)

Redaktionelle Mitarbeit: Ingo P. Püschel
Umschlaggestaltung: Zeichenpool, München
Umschlagmotiv: Gisela Aulfes
Layout und Satz: Oliver Schmitt, Mainz
Gesetzt aus der Minion und der Myriad
Druck und Bindung: Beltz Grafische Betriebe GmbH, Bad Langensalza
Printed in Germany
www.campus.de

Inhalt

Einführung

Heiß war es auf der diesjährigen Konferenz der Schweinehunde. Sie schwitzten wie lange nicht mehr. Genaugenommen war es in den letzten Jahren auf der jährlich Anfang August stattfindenden Konferenz immer wärmer geworden. Eigentlich kamen sie ja zusammen, um zu feiern und sich über ihre besten Tricks und Taktiken auszutauschen, wie sie die Menschen austricksen und von Veränderungen abhalten konnten. Und in den vergangenen Jahren waren viele von ihnen sogar zahmer geworden und hatten sich mit ihren »Herrchen« und »Frauchen« angefreundet, denn infolge eines Anfang des Jahrhunderts erschienen Ratgebers hatten viele Menschen gelernt, ihre Vorhaben »schweinehundegerecht« anzugehen und sich nicht mehr zu überfordern. Die Schweinehunde wiederum hatten die Erfahrung gemacht, dass es ihnen selber besser ging, je gesünder und erfüllter der Mensch war, den sie sonst immer sabotierten. So waren diese mittlerweile fitter geworden, hatten abgenommen, zuhause entrümpelt, ihre Ziele erfolgreich erreicht – und die Schweinehunde hatten sogar mitgemacht.

Doch nun begann die Komfortzone im wahrsten Sinne des Wortes zu schmelzen, es wurde ungemütlich und bedrohlich, das Klima auf der Erde hatte sich verändert, es wurde immer wärmer und stürmischer und die neue Devise war: Man solle lernen, auf vieles zu verzichten und »nachhaltiger« leben. Ein Wort, bei dem etliche der anwesenden Schweinehunde grimmig dreinschauten. Das auch noch! Die junge Generation unter ihnen war von diesem neuen Trend anscheinend schon wie von einem Virus infiziert, viele aber hielten das ganze Gerede vom Klimawandel und der notwendigen Nachhaltigkeit für

Unsinn (obwohl sie sich immer wieder den Schweiß vom Maul wischen mussten). Heftige Diskussionen füllten den Raum, doch plötzlich wurde es still. Ihr Sonderkundschafter, der sie schon seinerzeit vor dem ersten Schweinehundebuch aus Menschenhand gewarnt hatte, hatte das Podium betreten und verkündete: »Es gibt mittlerweile ein neues Buch über uns und nachhaltiges Leben« – ein Raunen ging durch den Raum – »Doch seid unbesorgt, ich habe das Manuskript dabei und jeder bekommt ein Exemplar. Der Autor scheint uns gut zu kennen – und er versteht uns. Zwar enttarnt er skrupellos die Lügenmärchen, die wir unseren Herrchen und Frauchen gerne erzählen, damit wir nichts ändern müssen, doch zeigt er auch, warum es für uns sinnvoll sein könnte, doch mitzumachen, und wie das in kleinen Schritten so gehen könnte, dass es nicht zu schwierig und unbequem wird. Bildet euch selber euer Urteil und entscheidet, ob ihr weiter sabotieren oder doch kooperieren wollt. Es könnte auch im Interesse eures eigenen Wohlbefindens sein. Denn eines ist sicher: Es ist verdammt heiß hier und es könnte noch viel heißer werden. Vielleicht müssen auch wir umdenken und was tun! – Vielleicht!« Dann ließ er das Manuskript an alle verteilen. Wie die Schweinehunde wohl darauf reagieren?

Und nun halten Sie das Buch in den Händen und haben angefangen, es zu lesen! – Als ich selber noch in der Planungs- und Konzeptionsphase dieses Buches war, musste ich immer wieder an eine Geschichte denken, die ich vor Jahren mal gelesen hatte und die mich gedanklich zum Thema Nachhaltigkeit ständig begleitete:

König Anoschirwan, den das Volk auch »den Gerechten« nannte, wandelte einst zu der Zeit, als der Prophet Mohammed geboren wurde, durch sein Reich. Auf einem sonnenbeschienenen Hang sah er einen ehrwürdigen alten Mann mit gekrümmtem Rücken arbeiten. Gefolgt von seinem Hofstaat trat der König näher und sah, dass der Alte kleine, gerade ein Jahr alte Stecklinge pflanzte.

»Was machst du da?«, fragte der König. »Ich pflanze Nussbäume«, antwortete der Greis. Der König wunderte sich: »Du bist schon so alt. Wozu pflanzt du dann noch Stecklinge? Du kannst ihr Laub nicht mehr sehen. Du kannst in ihrem Schatten nicht mehr ruhen. Auch ihre Früchte wirst du nicht mehr essen.« Der Alte richtete sich auf, schaute dem

König in die Augen und sprach mit großem Ernst: »Die vor uns kamen, haben gepflanzt, und wir konnten ernten. Wir pflanzen nun, damit die, die nach uns kommen, auch ernten können.« – Sprach's und pflanzte weiter seine Stecklinge.

Diese Haltung bezeichnet man heute oft auch als »enkelgerecht« leben. Wir sollten uns so verhalten, dass der Planet auch noch für unsere Enkelkinder (und die folgenden Generationen) lebenswert und bewohnbar ist. Doch leider sieht es nach allen Prognosen anders aus! Der Klimawandel und die Umweltverschmutzung sind schon so weit vorangeschritten, dass möglicherweise schon die nächste Generation nur noch mit schweren Beeinträchtigungen auf der Erde leben kann. Allerdings ist es wahrscheinlich noch nicht *zu spät*. Noch können wir Etliches tun, um das Schlimmste zu verhindern und – so wie der alte Mann in der Geschichte seine Setzlinge pflanzt – durch ein nachhaltiges Leben dazu beitragen, dass hoffentlich auch noch unsere Enkel sich auf diesem Planeten wohlfühlen und sicher leben können.

Ein hohes und sinnvolles Ziel, doch leider nicht ohne Einsatz und Veränderungen zu erreichen. Und genau da meldet sich ein Teil unserer Persönlichkeit, der Veränderungen und Mühen scheut, und kommt uns in die Quere: der innere Schweinehund. Wer das ist? Nun, das ist eigentlich nichts als eine Metapher, ein sprachliches Bild, für unsere inneren Widerstände gegen jede Anstrengung oder Veränderung, unsere Unlust, uns aufzuraffen und zu überwinden, unser Phlegma und unsere Neigung, Unbequemes zu vermeiden und aufzuschieben. Und wenn es nun darum geht, nachhaltig zu leben, steht der innere Schweinehund leider als Widersacher und Saboteur sofort auf der Matte. Wie können wir, wie können Sie es schaffen, dass er Sie dabei nicht wieder aufs Kreuz legt und alle Vorsätze und Bemühungen in Richtung Nachhaltigkeit verhindert? Nun: Sie müssen ihn mit an Bord nehmen, so dass er schließlich mitmacht. Dazu müssen Sie zunächst verstehen, warum er Widerstand leistet, und ihn dann überzeugen und motivieren, mitzumachen.

Wie das gehen kann, will dieses Buch Ihnen zeigen. Schritt für Schritt, so dass auch Sie dann in kleinen Schritten ein nachhaltiges Leben führen können … und damit dazu beitragen, diesen Planeten zu retten! – Ein großes Wort, aber genau darum geht es: Denn Sie können nicht nur dazu beitragen, sondern werden sogar dazu gebraucht. Der Planet (und die nächsten Generationen) brauchen SIE! … und die Mitwirkung Ihres Schweinehundes.

Damit Ihnen das leichter gelingt, bietet Ihnen dieses Buch folgende Hilfestellungen und Tipps:

In Teil I erfahren Sie nach einigen wachrüttelnden **Informationen** zum Klimawandel und zur Geschichte der Nachhaltigkeit, **warum** der innere Schweinehund nicht mitmachen will, wie er versucht, uns mit **Lügenmärchen** abzuhalten, nachhaltig zu leben, und was man darauf erwidern kann.

In Teil II geht es zunächst um die wichtigen **psychologischen Tools**, die Ihnen helfen können, Ihren Schweinehund zu überzeugen und zu motivieren, mitzumachen. Sie erfahren, *was* Sie tun können und *wie* sie es so in die Tat **umsetzen** können, dass Sie dabei nicht sabotiert werden.

Teil III enthält schließlich eine Fülle von **praktischen Tipps** für ein nachhaltiges Leben. Meist mit wissenschaftlicher Begründung und Hinweisen, was Sie konkret machen können. Keine Sorge: Sie müssen keineswegs all das umsetzen und befolgen, es sind Möglichkeiten, die Sie haben und von denen Sie nur die umsetzen sollten, die zu Ihrer Lebenssituation und Ihren Bedürfnissen passen. Dazu helfen Ihnen nach der **Zusammenfassung** der Tipps eine **Checkliste** und die Erstellung Ihres **persönlichen Nachhaltigkeitsprofils**. – Alles so ausgerichtet, dass Sie es nicht alleine gegen ihren Schweinehund angehen müssen, sondern Hand in Hand mit ihm in die Tat umsetzen. Ja, auch der innere Schweinehund kann lernen, Nachhaltigkeit zu schätzen!

Und hier noch zwei wichtige Informationen für Ihren inneren Schweinehund (und auch für Sie):

- **Sie müssen keinesfalls das ganze Buch lesen!** Vergleichen Sie das Buch gerne mit einem Buffet, bestehend aus psychologischen und praktischen Tools. Und so, wie Sie (im Regelfall zumindest) bei einem Buffet ja auch nicht alles abräumen, was der Gastgeber aufgetischt hat, sondern lediglich das nehmen, worauf Sie Appetit haben, so machen Sie es bitte auch bei diesem Buch: Lesen Sie nur das, was Sie persönlich betrifft, was zu Ihnen passt … dann können Sie es auch leichter umsetzen.

- **Sie müssen das Buch auch nicht notwendigerweise von vorne nach hinten lesen.** Orientieren Sie sich am besten am Inhaltsverzeichnis oder lesen Sie (soweit vorhanden) immer erst die Zusammenfassungen am Ende eines Kapitels und dann die Inhalte, die Sie ansprechen. Was Sie nicht betrifft (oder was Sie schon kennen), das lassen Sie getrost weg.

Auf diese Weise macht auch Ihr Schweinehund bereitwillig mit. Geben Sie sich und ihm eine Chance – und dem Planeten!

Teil I

DIE WAHRHEIT UND DIE LÜGENMÄRCHEN

1.
Wachrütteln mit schockierenden Fakten

Die Ist-Situation

Wie gravierend die Situation ist, wie drängend und wichtig alle Nachhaltigkeitsmaßnahmen sind, wurde mir selbst erst in vollem Umfang bewusst, als ich begonnen hatte, für dieses Buch zu recherchieren. Auch im Laufe der sechsmonatigen Schreibzeit gab es kaum eine Zeitung, die ich las, in der ich nicht auf einen Artikel über den Klimawandel und seine Folgen stieß. Ein wahrlich düsteres Bild, das einem Angst machen, ja sogar entmutigen könnte. »I want you to panic«, hatte Greta Thunberg noch Anfang 2019 beim Weltwirtschaftsforum in Davos deklamiert: »Ich möchte, dass Sie in Panik geraten!« Wenn sie uns damit wachrütteln wollte, dann ist das sicherlich bei vielen gelungen (zumindest was unsere Schweinehunde betrifft), allerdings kann daraus auch eine »Klimaangst« werden, die eher lähmt als aktiviert. Und das ist weder sinnvoll noch förderlich. Aufwachen ja, entmutigen nein! Was Sie nun im Folgenden lesen werden, soll auch Ihrem Schweinehund zeigen, wie die Situation auf diesem Planeten in puncto Klimawandel und Umweltschäden ist, aber nur, damit er den Ernst der Lage begreift und die Notwendigkeit sieht, zu handeln, ohne sich entmutigen zu lassen. Später wird er auch erfahren, wie er in kleinen Schritten – ohne sich zu überfordern – zur Nachhaltigkeit beitragen kann. – Doch nun lassen Sie uns zuerst den Tatsachen ins Auge sehen:

Das Hauptproblem ist der Anstieg des CO_2-Gehaltes in der Atmosphäre und seine Folgen: der Temperaturanstieg, die Eis- und Gletscherschmelze, wetterbedingte Naturkatastrophen (Hitze- und Trockenperioden, Waldbrände, Wirbelstürme, Flutkatastrophen),

weltweit zunehmender Wassermangel, Übersäuerung der Ozeane. Hinzu kommen Unmengen an Plastikmüll in den Ozeanen und das kontinuierliche Aussterben der Tier- und Pflanzenarten.

Der Kohlendioxidgehalt der Atmosphäre hat sich seit dem 19. Jahrhundert um etwa 40 Prozent erhöht, wodurch weltweit die Temperaturen gestiegen sind. Nie war es wärmer als in den ersten 20 Jahren des 21. Jahrhunderts, und die Jahre 2016 bis 2020 waren der wärmste Fünf-Jahres-Zeitraum seit Beginn der Temperaturaufzeichnungen. Die Durchschnittstemperatur liegt bereits jetzt bei 1,1 Grad über dem Niveau vor der Industrialisierung. Auch die wirtschaftlichen Beschränkungen infolge der Corona-Pandemie im Jahre 2020 konnten die Erderwärmung kaum bremsen. Zwar lagen die weltweiten Emissionen infolge der Corona-Eindämmungsmaßnahmen um 4 bis 7 Prozent unter denen von 2019, dennoch ist die Konzentration der Treibhausgase laut UN-Berichten weiter gestiegen[1]. Um das Ziel zu erreichen, die Erderwärmung auf 2 Grad zu begrenzen, müssten die Emissionen allein zwischen 2020 und 2030 jährlich um 3 Prozent fallen. Um das ambitionierte Ziel von nur 1,5 Prozent Temperaturanstieg noch zu erreichen, wäre sogar eine jährliche Reduktion um 7 Prozent erforderlich. – Sollte es dagegen in den nächsten 40 bis 50 Jahren zu einer Verdoppelung der CO_2-Konzentration kommen, hätte dies nach neuesten Forschungen eine Erderwärmung von 2,6 bis 3,9 Grad zur Folge[2]. Dramatisch sind die schon eingetretenen und weiterhin zu erwartenden Folgen:

Eisschmelze und Anstieg des Meeresspiegels

Infolge der gestiegenen Temperaturen schmelzen die Gletscher in den Bergen, das Grönlandeis und das Eis der Arktis und Antarktis. So ist allein von 1979 bis 2019 das Meereis der Arktis im Schnitt um 13 Prozent geschrumpft. Und die Schmelze des Grönlandeises hat sich seit dem Jahr 2000 so beschleunigt, dass nach neuesten Messungen ein vollständiges Abtauen des grönländischen Eisschildes möglicherweise nicht mehr aufzuhalten ist.[3] Infolgedessen ist der Meeresspiegel im vergangenen Jahrhundert durchschnittlich um 1,7 Millimeter pro Jahr gestiegen, mit einer deutlichen Beschleunigung gegen Ende des Jahrhunderts. Im Zeitraum von 1901 bis 2010 sind so insgesamt rund 19 Zentimeter zusammengekommen, bis Ende des 21. Jahrhunderts wird ein weiterer Anstieg um zusätzliche 40 bis 80 Zentimeter prognostiziert. Dass unsere Enkel dann eine Welt fast ohne Strände erleben, weil diese vom ansteigenden Meeresspiegel einfach verschlungen werden, ist noch eine der harmloseren Folgen. Weltweit werden viele Siedlungsgebiete und Inseln unter Wasser verschwinden.

Klimabedingte Naturkatastrophen

Die wetterbedingten Naturkatastrophen haben sich seit 1980 verdreifacht, ihre Intensität sowie die durch sie verursachten Schäden haben dramatisch zugenommen. Insbesondere sind dies:

Schweinehunde sind Fellträger – auch
ihnen wird nach und nach immer heißer

Hitzewellen und Trockenperioden Langanhaltende *Hitzewellen* wie beispielsweise im Westen der USA, mit Rekordwerten, die im Mittel um 15 Grad über dem langjährigen Durchschnitt lagen, verursachten den Tod von mehr Menschen als durch irgendwelche anderen Naturkatastrophen (wie Tornados oder Hurrikans).[4] Auch in Sibirien hat der Klimawandel nie dagewesene Hitzewellen verursacht: In Jakutien erreichten die Temperaturen im Juni 2020 sogar 38 Grad Celsius, so heiß war es noch nie in der Polarregion. – *Trockenperioden* führen weltweit zu Rekordverlusten und Schäden in der Landwirtschaft und (nicht nur) in Deutschland stirbt der Wald, während die Wissenschaftler ratlos danebenstehen, weil auch hier die ökologische Krise schneller voranschreitet, als die Wissenschaft hinterherforschen kann.[5] Viele Regionen auf der Erde, die bisher gut bewohnbar waren, versteppen mehr und mehr und werden langfristig zu Wüstenzonen.

Waldbrände Nicht nur die menschenverursachten *Brandrodungen* im Amazonas bedrohen die »grüne Lunge« des Planeten. Auch fehlender Regen in Teilen der Tropen wirkt sich dort wie ein Brandbeschleuniger aus.[6] In den USA stehen, wie schon in den vergangenen Jahren, auch 2020 die *Wälder in Flammen*: in Washington State, Oregon und Kalifornien brannten Millionen Hektar Wald. Sechs der größten Waldbrände, die es in der jüngsten Geschichte Kaliforniens gegeben hat, haben im Jahr 2020 gewütet. Wegen der Dürren und Hitzewellen ist die Vegetation trocken wie Zunder und in vielen Wäldern stehen Bäume, die wegen des Wassermangels abgestorben sind und ebenfalls als Brandbeschleuniger wirken. Und je heißer es ist, desto mehr Strom verbrauchen die Bewohner für ihre Klimaanlagen, und desto höher ist die Gefahr, dass ein Trafo durchbrennt und einen Brand verursacht: ein Teufelskreis![7] Auch in Australien, Europa und anderen Regionen brannten in den vergangenen Jahren Wälder in historisch neuen Ausmaßen. Und mit den Wäldern verbrennt der natürliche CO_2-Transformator auf unserem Planeten. Auch wenn Ende des 20. Jahrhunderts die Waldflächen in Europa und Asien sogar gewachsen sind, so hat sich dieser Effekt im 21. Jahrhundert deutlich abgeschwächt und die Urwälder schrumpfen in rasanter Geschwindigkeit. Zwischen

Waldbrände und schmelzende Eisberge machen auch den Schweinehunden Sorgen

1990 und 2020 sind laut Daten der FAO, der Ernährungs- und Landwirtschaftsorganisation der Vereinten Nationen, etwa 9 Prozent aller Urwälder verschwunden.[8]

Wirbelstürme und Flutkatastrophen Seit Jahren mehren sich extreme Wirbelstürme wie Hurrikans und Tornados, deren Intensität immer mehr zunimmt. Allein im Jahr 2020 ist die Anzahl der Hurrikans über dem Atlantik von Anfang Juni bis Ende November um 50 Prozent gestiegen und diese waren auch überdurchschnittlich stark. Inzwischen herrschen immer häufiger Bedingungen, die die Bildung von Hurrikans begünstigen. Und je mehr Hurrikans, desto vernichtender ist die Kraft der Stürme. Viele verwüsten nicht nur die Küstenregion, sondern verursachen gleichzeitig Flutkatastrophen. Doch auch ohne Wirbelstürme nehmen weltweit Flutkatastrophen zu, nicht nur in Amerika und Asien, sondern auch in Deutschland und Europa.

Vor Sturmböen und Flutwellen sind innere Schweinehunde machtlos

Versauerte, überhitzte und vermüllte Ozeane

Die Ozeane sind durch die Aufnahme von etwa 30 Prozent des CO_2 sauer geworden. Durch den Anstieg der Wassertemperatur stehen viele Korallenriffe kurz vor dem Absterben, vor allem das australische Great Barrier Reef, eines der sieben Weltwunder der Natur, ist wahrscheinlich nicht mehr zu retten. Da die riffbildenden Nesseltiere nur in einem bestimmten Temperaturbereich überleben können, werden 99 Prozent der Korallenriffe endgültig absterben, wenn der Temperaturanstieg bei 2 Grad angelangt ist.[9] Und da seit Jahrzehnten pro Jahr geschätzt mindestens acht Millionen Tonnen Plastik ins Meer gelangen, sind diese völlig vermüllt. Nach neuesten Studien ist die Menge an Mikroplastik im Atlantik viel höher als bisher vermutet. Britische Biogeochemiker schätzen, dass 12 bis 21 Millionen Tonnen Mikroplastik in den oberen 200 Metern des Ozeans treiben, etwa zehn Mal so viel wie bisher geschätzt. In einem Kubikmeter Atlantik schwimmen der Studie zufolge im Durchschnitt etwa 1.000 kleine Plastikteilchen, die für das Auge meist unsichtbar sind. Sie schaden den Meereslebewesen vor allem, indem sie den Verdauungstrakt verstopfen und so ihren Appetit verringern. Welch weitere Auswirkungen Mikroplastik auf die Ökosysteme hat, ist allerdings noch nicht völlig erforscht.[10]

Weltweites Artensterben

Trotz aller internationalen Zielsetzungen und Bemühungen ist es nicht gelungen, das *Massensterben von Tieren und Pflanzen* auf der Erde zu stoppen. Mittlerweile sind weltweit etwa eine Million Tier- und Pflanzenarten vom Aussterben bedroht. Unzählige Spezies sind bereits für immer verschwunden. Viele Arten werden von den Menschen so lange gejagt, gefischt und gegessen, bis es sie nicht mehr gibt. Die relativ gute Nachricht ist allerdings, dass es nach der Bilanz des fünften *Global Biodiversity Outlook* (GBO)[11] noch nicht zu spät ist, den Artenschwund zu verlangsamen, zu stoppen und vielleicht sogar den derzeitigen Abwärtstrend umzukehren. Allerdings gilt doch: Tiere und Pflanzen, die einmal ausgestorben sind, bleiben für immer verloren.

Was war – eine kleine Geschichte der Nachhaltigkeit

Auch wenn die Thematik der Nachhaltigkeit erst in den vergangenen 50 Jahren an Brisanz und Aktualität gewonnen hat, so sind doch ihre **Ursprünge viel früher** zu finden: beispielsweise schon in der griechischen Philosophie, im *Sonnengesang* des Heiligen Franz von Assisi oder im 17. Jahrhundert beim Philosophen Spinoza, für den »suum esse conservare« – »das eigene Sein im Einklang mit der Natur zu erhalten« – Grundtrieb und Ausgangspunkt menschlichen Denkens und Handelns war.[12]

Doch als eigentlich geistiger Vater der Nachhaltigkeit gilt allgemein der sächsische Forstwirt **Hans Carl von Carlowitz,** der **1713** als Leiter des Oberbergamts in Freiberg »eine beständige und nachhaltende

Nutzung des Waldes« forderte. Diese »kluge Art der Waldbewirtschaftung«, wie er sie bezeichnete, erforderte, dass Bäume, die abgeholzt werden, nachgepflanzt werden müssten, um die Ressourcenbasis – und damit die wirtschaftliche Basis – nicht zu erschöpfen. »Wer allen Wald abholzt, hat kurzfristig viel Holz, aber über die nächsten Jahrzehnte nur wenig.«[13] Konkret ist der Anspruch an Nachhaltigkeit in der Folgezeit **Anna Amalia**, der Mutter des sächsischen Herzogs Carl August zu verdanken. Denn sie veranlasste die erste Forstreform der Welt mit dem Ziel, Holz dauerhaft und mit stetem Ertrag bereitzustellen und damit das langfristige Überleben zu sichern.[14]

Mitte des 19. Jahrhunderts kam es zu einem *Zusammenprall von Ökologie und Ökonomie*, deren Ziele, Absichten und Vorgehensweisen schier inkompatibel schienen. Gewinnmaximierung statt Naturgesetzmäßigkeit war das neue Credo in Wirtschaft und Gesellschaft, wodurch Nachhaltigkeit als Handlungsprinzip entwertet wurde Und es sollte über hundert Jahre dauern, bis in den 1970er Jahren Ökologie und Nachhaltigkeit wieder aufgegriffen und thematisiert wurden.

Der **Bericht an den Club of Rome** über *Die Grenzen des Wachstums* von **Dennis Meadows** und seinem Forscherteam schlug im Jahre **1972** wie eine Bombe ein und kann als der Neubeginn der Nachhaltigkeitsdebatte der Neuzeit angesehen werden. Das Konzept der Nachhaltigkeit erfuhr dabei eine deutliche Ausdehnung auf einen anzustrebenden Gesamtgleichgewichtszustand von ökologischen, ökonomischen und auch sozialen Aspekten. Ein unbegrenztes permanentes Wachstum werde (so prognostizierte es der Bericht schon vor etwa 50 Jahren) spätestens Mitte des 21. Jahrhunderts zu einem »plötzlichen und unkontrollierbaren Niedergang«, also zu einem Kollaps führen, sofern man nicht vorher einen Zustand des nachhaltigen Gleichgewichts erreiche.

In die gleiche Kerbe schlug 1973 das Buch des englischen Ökonoms **Ernst Friedrich Schumacher** *Small Is Beautiful: Economics as if People Mattered*. Und 1979 proklamierte der deutsch-amerikanische Philosoph **Hans Jonas** in seinem Buch *Prinzip Verantwortung* den **neuen kategorischen Imperativ der Nachhaltigkeit** mit den Worten: »Handle so, dass die Wirkungen deiner Handlungen verträglich sind mit der Permanenz echten menschlichen Lebens auf Erden«. Freiheit gehe in diesem Sinn mit Verantwortung einher, die eine Selbstbe-schränkung des Menschen erforderlich machen kann. (Eine Erfahrung, die die Menschheit erst kürzlich während der Corona-Krise machen musste – allerdings wurde dabei die Selbstbeschränkung in den meisten Ländern staatlich angeordnet.)

Und dann folgte ein Ereignis nach dem anderen: Noch im Jahr **1979** fand in Genf die **erste Weltklimakonferenz** statt. Im Februar **1980** überreichte die Nord-Süd-Kommission unter Vorsitz des Altkanzlers Willy Brandt in New York dem UN-Generalsekretär Kurt Waldheim ihren Abschlussbericht mit dem Titel: *North-South. A Program for Survival.* Bald hieß er nur noch der **Brandt-Report.** Um den tiefen Riss zwischen den reichen Ländern des Nordens und den armen des Südens zu heilen, müsse man sich auf das besinnen, was alle verbinde: »dass die Menschheit überleben will«. Schon damals mahnte der Bericht an, es käme zu »Klimaveränderungen mit potenziell katastrophalen Folgen«, verursacht durch CO_2-Emissionen. Die Weltwirtschaft müsse angesichts des düsteren Szenarios von Öl auf erneuerbare Energiequellen umstellen und einen neuen Lebensstil entwickeln, der weniger Energie verbraucht. Das war vor über 40 Jahren! Schon drei Wochen später wurde in 35 Hauptstädten rund um den Globus die *World Conservation Strategy* präsentiert, die das Ziel einer »nachhaltigen Entwicklung« (»sustainable development«) proklamierte. So wurde ein neues Leitbild auf der Weltbühne ausgerufen.

Die Menschheit hätte vereint loslegen können. Doch noch im gleichen Jahr kam der Rückschlag aus den USA: Im November 1980 präsentierte der neu gewählte amerikanische Präsident **Ronald Reagan** einen für viele verführerischen **Gegenentwurf zum Bericht an den Club of Rome**, mit dem Tenor: »Es gibt keine Grenzen des Wachstums und des menschlichen Fortschritts, wenn Männer und Frauen frei sind, inneren Träumen zu folgen.« Dieser Traum bestand aus dem Mantra: Wachstum, Produktivität, Wettbewerbsfähigkeit. Und Freiheit bedeutete in diesem Sinne die Freiheit des grenzenlosen Konsumierens und Geldverdienens. So kam es zu einer Deformation des Nachhaltigkeitsdenkens. Gewissermaßen wurde es marktkonform zurechtgestutzt.[15]

Dennoch ließ sich die alarmierte Nachhaltigkeitsbewegung nicht

aufhalten. Der nächste Meilenstein folgte im Jahr **1983** mit dem sogenannten »**Brundtland-Bericht**« der Weltkommission für Umwelt und
Entwicklung der Vereinten Nationen unter dem Vorsitz von Gro Har-
lem Brundtland. Darin findet sich die heute klassische und am wei-
testen anerkannte Definition und Leitbildbeschreibung von nachhaltiger Entwicklung: »Nachhaltige Entwicklung ist eine Entwicklung,
die gewährleistet, dass künftige Generationen nicht schlechter gestellt
sind, ihre Bedürfnisse zu befriedigen, als gegenwärtig lebende.«[16]

Mit anderen Worten: »nachhaltig leben = enkelgerecht leben«!

Und in eine Gleichung gefasst lautet die Definition:
Nachhaltigkeit = Umwelt + Entwicklung

Von da an folgte bis heute ein Abkommen auf das andere, eine Konferenz auf die vorhergehende. Hier eine Auswahl der wohl wichtigsten:

- 1985 das Wiener Abkommen zum Schutz der Ozonschicht,
- 1992 die Rio-Konferenz der Vereinten Nationen für die Integration
  von Umwelt- und Entwicklungsfragen (seit 1972 die erste größere
  internationale Konferenz zur Diskussion von Umweltfragen in
  einem globalen Rahmen),
- 1994 die UN-Klimarahmenkonvention,
- 1995 die 1. UN-Klimakonferenz in Berlin,
- danach **jährliche Klimakonferenzen**: 1996 Genf, 1997 Kyoto (mit
  erstmaliger Festlegung von international rechtlich verbindlichen
  Zielen für Emissionshöchstgrenzen für Industrieländer – im sogenannten Kyoto-Protokoll), 1998 Buenos Aires, 1999 Bonn, 2000 Den
  Haag, 2001 Montreal, 2002 Rio und Johannesburg, 2003 Mailand,
  2004 Buenos Aires, 2005 Montreal, 2006 Nairobi, 2007 Bali, 2008
  Posen, 2009 Kopenhagen, 2010 Cancun, 2011 Durban, 2012 Doha,
  2013 Warschau, 2014 Lima, 2015 Paris, 2016 Marrakesch, 2017 Paris,
  2018 Kattowitz, 2019 Madrid, 2020 geplant für Glasgow und wegen
  der Corona-Krise auf 2021 vertagt.

Von Bedeutung ist der **Sachstandsbericht des Weltklimarates aus dem Jahr 2013** mit unter anderem folgenden alarmierenden Ergebnissen:

- Der CO_2-Gehalt der Atmosphäre hat sich seit Beginn der Industrialisierung um 40 Prozent erhöht, und falls er sich verdoppelt, wird die Lufttemperatur um weitere 1,5 bis 4,5 Grad Celsius steigen. Nie war es seit Beginn der Wetteraufzeichnungen wärmer als im ersten Jahrzehnt des 21. Jahrhunderts.
- Infolgedessen werden Hitzeperioden viel öfter auftreten und auch länger anhalten.
- Durch die Aufnahme von circa 30 Prozent des durch Menschen verursachten Kohlendioxids sind die Ozeane sauer geworden.
- Die Geschwindigkeit der Gletscherschmelze in den Hochgebirgen, der Schmelze der Grönlandeisberge und des Antarktiseises hat sich vervielfacht und die Meeresspiegel, die von 1901 bis 2010 um 19 Zentimeter gestiegen sind, werden bis zum Ende des 21. Jahrhunderts um weitere 26 bis 82 Zentimeter steigen.

Auf der **21. Weltklimakonferenz in Paris 2015** einigten sich 196 Länder auf das Erreichen von Treibhausgasneutralität ab 2050, um die globale Erderwärmung auf 2 Grad zu begrenzen.

Doch wieder sollte ein herber Rückschlag erfolgen, nachdem die USA unter Präsident Donald Trump 2017 den Austritt aus dem Pariser Abkommen erklärten.

Seit der Klimakonferenz in Kattowitz im Dezember 2018 kommt es, ausgelöst durch die Schwedin **Greta Thunberg,** zur weltweiten Jugendprotestbewegung »Fridays for Future«. Dort in Kattowitz trat die damals 15-jährige Greta im Plenarsaal vor das Mikrofon und sprach die mittlerweile legendären Worte: »You are not mature enough to tell it like it is. Even that burden you leave to us children. But I don't care about being popular. I care about climate justice and the living planet.«

Ende März 2019 gehen in Berlin mehr als 20.000 Demonstranten auf die Straße, unterstützt durch die Elterninitiative »Parents for Future«. Am 20. September 2019 ist die dadurch ausgelöste Protestwelle so groß, dass allein in Deutschland 1,4 Millionen Menschen für den Klimaschutz demonstrieren. Am gleichen Tag verabschiedet die Bundesregierung ihr Klimapaket, wonach sie in den kommenden vier Jahren 50 Milliarden für den Klimaschutz bereitstellen will. Darin sehen viele einen Erfolg der Proteste, auch wenn viele enttäuscht sind, dass die CO_2-Bepreisung nicht aggressiver angegangen wird. Doch ebenso scheint es der Moment zu sein, in dem »die Welle bricht«. Denn die Teilnehmerzahlen sinken danach kontinuierlich. Im Januar 2020 finden sich in Berlin nur noch 300 Demonstranten, die auf die Straße gehen. Und seit Februar 2020 wird die Nachhaltigkeitsdebatte durch die Corona-Krise verdrängt und scheint weltweit aus dem Bewusstsein der Bevölkerung, aber auch der Medien und Politiker verschwunden zu sein – mag die langfristige Bedrohung für die Menschheit auch um ein Vielfaches größer sein als durch die Corona-Pandemie. Doch die ist 2020 gegenwärtig – der Klimakollaps ist ungewiss, er findet erst irgendwann in der Zukunft statt.

Was kommt – Kollapsologen und Prognosen

Manche Forscher behaupten, der Kampf gegen den Klimawandel sei schon verloren, schon in diesem Jahrzehnt komme es zu einem nicht mehr vermeidbaren Zusammenbruch, zur globalen Klimakatastrophe. Es scheint an der Zeit, sich mit dieser sogenannten »Kollapsologie« auseinanderzusetzen.

Bis vor kurzem gab es zum Thema Klimawandel grundsätzlich zwei vorherrschende Ansichten:

Abwiegeln Das Thema werde vollkommen übertrieben, es werde schon nicht so schlimm kommen.

oder

Alarmieren Es sei schon fünf vor zwölf! Nur wenn man radikal umsteuere, könne man die Erderwärmung noch in den Griff bekommen.

In den letzten zwei Jahren ist allerdings noch eine dritte Haltung aufgetaucht, die Resignation. Geistiger Pate dazu scheint ein Essay des amerikanischen Autors Jonathan Franzen im Magazin *The New Yorker* im Herbst 2019 zu sein mit dem Titel »Wann hören wir auf, uns etwas vorzumachen?«. Anlass dafür war für ihn eine erschütternde Erfahrung im Hitzesommer desselben Jahres in Brandenburg. Eigentlich war er nach Deutschland gekommen, um Vögel zu beobachten, musste aber aus nächster Nähe miterleben, wie der Naturwald von Jüteborg abbrannte. »Ich erfasste erstmals auch emotional, wie schnell die Katastrophen näherkommen, und musste mich damit auseinandersetzen, dass die Klimaapokalypse womöglich noch zu meinen Lebzeiten eintreten würde.«

Und so schrieb er resignierend in seinem Essay: »Das Kind ist bereits in den Brunnen gefallen. Hören wir auf, uns etwas vorzumachen, und gestehen wir uns ein, dass wir die Klimakatastrophe nicht (mehr) verhindern können.« Schließlich herrsche (so argumentiert er weiter) in der Klimawissenschaft seit Jahrzehnten darüber Einigkeit, dass der Klimawandel nur dann nicht völlig außer Kontrolle geraten werde, wenn der Temperaturanstieg insgesamt nicht mehr als 2 Grad betrage. Und dafür müssten die Emissionen innerhalb von 30 Jahren auf null gedrosselt werden. Doch obwohl die Menschheit das wisse und trotz aller Appelle, den Planeten zu retten, schaffe sie es nicht, ihren CO_2-Ausstoß ausreichend zu begrenzen. In den vergangenen drei Jahrzehnten sei so viel atmosphärisches Kohlendioxid produziert worden wie in den gesamten vorangehenden zwei Jahrhunderten. Das erforderliche Umsteuern sei »gelinde gesagt« eine Herkulesaufgabe, die zu meistern er für unmöglich halte, und zwar aus dem einfachen Grund, dass er bezweifle, dass die menschliche Natur sich in absehbarer Zeit ändere.[17]

Seine Thesen stießen vor allem bei Klimaschützern auf heftige Kritik: In erster Linie bezweifeln Klimaforscher die Stimmigkeit seiner Argumentation und halten diese für unwissenschaftlich und nicht belegbar: reine Hypothesen aus dem Gefühl der Enttäuschung ohne empirische Grundlagen. Am meisten aber wurde ihm vorgeworfen, mit diesen Thesen all diejenigen zu demotivieren, die sich für Nachhaltigkeit und den ökologischen Wandel engagieren.

Die Kritik mag berechtigt sein, allerdings muss man ihm leider in seinem Ausgangspunkt Recht geben:

De facto wird immer noch jedes Jahr mehr Kohlendioxid ausgestoßen als im Vorjahr, und bis heute deutet nichts auf eine Begrenzung der Erderwärmung hin. Jedes Jahr gibt es neue Temperaturrekorde, Höchstwerte beim Rückgang des arktischen Meereises, der Meeresspiegel steigt seit 1993 durchschnittlich etwa um drei Millimeter, die Anzahl der wetterbedingten Naturkatastrophen hat sich seit 1980 verdreifacht und es fehlen jegliche Anzeichen, dass in den nächsten Jahren der CO_2-Ausstoß abnehmen wird. Daher ist Franzens Annahme einer ungebremsten Fortsetzung des Klimawandels gar nicht so unwahrscheinlich und liegt durchaus im Bereich des Möglichen.

Doch was folgt daraus?

Das ist nun die entscheidende Frage! Was ist die Konsequenz daraus für die Menschheit, für die Politiker, für die Wirtschaft und für den Einzelnen, für Sie und mich?

Eine Gruppe von Forschern könnte man als »Kollapsologen« bezeichnen. Der Begriff geht auf das *Handbuch der Kollapsologie* aus dem Jahr 2015 des französischen Ökologen Pablo Servigne zurück. In die gleiche Richtung denkt der momentan wohl einflussreichste Kollapsologe Jem Bendell in seinem 2018 erschienen *Wegweiser, um uns durch die Klimakatastrophe zu führen*, das mittlerweile zur Bibel für all seine Anhänger geworden ist. Bendell hält den gesellschaftlichen Zusammenbruch aufgrund des Klimawandels wie Franzen für unvermeidlich und versucht mit seinem Konzept der sogenannten »Tiefenanpassung« (»deep adaptation«) den Menschen die Einsicht ins (für ihn) Unvermeidliche zu erleichtern. Er rät, das eigene Leben von Grund auf zu überdenken und sich mit anderen zu vernetzen, und bietet auf seiner Webseite eine Liste der »Allianz von Klimapsychologen«, die helfen sollen, den Schock und die Trauer angesichts des unvermeidbaren Unterganges zu verarbeiten.

Noch extremer ist die Haltung der sogenannten »Prepper-Szene«

(vom Englischen: to be prepared – bereit sein), die ähnlich wie Weltuntergangspropheten Tipps zur Errichtung von Schutzbauten und zur Einlagerung von Lebensmitteln geben.

Beide Haltungen werden allerdings von renommierten und führenden Klimaforschern – unter anderen Simon Beard vom Centre for the Study of Existential Risk in Cambridge oder von Alice Hill und Leonardo Martínez-Díaz, beide Experten für Klimapolitik und frühere Berater der Obama-Regierung – als zu radikal abgelehnt. Vor allem wird kritisiert, dass der komplette Zusammenbruch innerhalb der nächsten zehn Jahre einfach unterstellt und vorausgesetzt werde. Ohne empirisch gesicherte und glaubwürdige Belege. Sie und etliche erfahrene Kollegen kommen – selbst wenn die CO_2-Emissionen und demzufolge die Temperaturen weiter steigen – zu dem wohl entscheidenden Ergebnis:

- Es ist längst nicht zu spät!
- Es bleibt noch Zeit, um zu reagieren und Gegenmaßnahmen zu ergreifen!
- Wir können das Schlimmste noch verhindern, wenn wir die richtige Wahl treffen!
- Und es macht einen großen Unterschied, ob es gelingt, den Temperaturanstieg bei 2 Grad, 3 oder 4 Grad zu stabilisieren!

Die Klimaforscher haben inzwischen eine recht klare Vorstellung davon, welche sogenannten »Kipppunkte« im Erdklimasystem zu welchen gefürchteten Konsequenzen führen werden. Manche Forscher halten schon einen Temperaturanstieg von 3 Grad für katastrophal, während andere die existenzielle Bedrohung der Menschheit erst bei 5 Grad erreicht sehen. Und die Wahrscheinlichkeit, dass dies bis zum Ende des 21. Jahrhunderts eintreten werde, benennen manche mit 5 oder 10 Prozent, andere auch noch höher. Doch den meisten ist klar: So unausweichlich, wie Franzen, Bendell und Co. den Kollaps darstellen, ist er keineswegs! Und die meisten Modelle berücksichtigen auch nicht, wie die Menschheit in Zukunft auf den Klimawandel reagieren wird. Der Wandel komme ja nicht plötzlich, sondern allmählich. Das sei sowohl ein Problem als auch eine Chance.[18]

Fazit: Es ist nicht zu spät! Wir können noch viel tun! Auch Sie! Daher lohnt es sich, dass Sie dieses Buch lesen … und mitwirken, den Kollaps zu verhindern! Die Schülerin Leonie Prillwitz, Entwicklerin eines innovativen Mikrofaserfilters für Waschmaschinen, hat dazu ein schönes Bild entwickelt: »Der Klimawandel ist wie ein Stein, der den Berg herunterrollt: er wird immer schneller, zerstörerischer, bis er nicht mehr aufzuhalten ist. Er hat uns mittlerweile längst eingeholt. Wir können ihn zwar den Berg nicht mehr hochschieben – aber wir können ihn mit einem Fallschirm ausstatten, ihn bremsen und uns auf seine Auswirkungen einstellen.«[19]

2.
Warum der innere Schweinehund nicht will

Eigentlich müssten ja all die alarmierenden Fakten zum Klimawandel und die drohenden Zukunftsszenarien ausreichen, damit jeder vernünftige und verantwortungsbewusste Mensch sofort sein Leben ändert und alles dafür tut, nachhaltig zu leben.

Doch wenn man das annimmt, so hat man die Rechnung ohne den Wirt gemacht, und das ist eben unser innerer Schweinehund … Und der will nicht! Der mobilisiert all unsere inneren Widerstände … und warum? Weil er nichts mehr scheut, als zu verzichten, sich zu überwinden, Gewohntes aufzugeben und Neues zu versuchen. Er ist sozusagen der schärfste Gegner aller Change-Maßnahmen. Man könnte auch sagen, er ist der älteste Teil des menschlichen inneren Steuerungssystems, gewissermaßen unser innerer Neandertaler. Denn wie war das bei dem Neandertaler? Wenn dieser einen Trampelpfad gefunden hatte, auf dem er zu der Wiese kam, um seine Ziegen zu erlegen, dann ist er immer diesen Trampelpfad gegangen. Hätte ihm eines Tages sein Nachbar erzählt: »Wenn du um den Berg herum gehst, kommst du gegen den Wind an die Ziegen heran und dann wirst du mehr davon erlegen«, so hat er sich das wohl angehört, genickt, vielleicht sogar wiederholt: »Aha, um den Berg herum … mehr Ziegen! – Gut!« und ist weiter seinen Trampelpfad gegangen. Denn den war er gewohnt, den kannte er, auf ihm fühlte er sich sicher. Den Weg um den Berg herum kannte er nicht, mit dem war er nicht vertraut, da war er unsicher, da hätte er sich überwinden müssen. Lieber beim Gewohnten bleiben.

Und dieser Neandertaler steckt noch heute in uns, vertreten durch den inneren Schweinehund. Und unsere Gewohnheiten sind die Trampelpfade in unserem Nervensystem, streng bewacht vom inneren Schweinehund. Auf diesen Trampelpfaden fühlt er sich wohl, und schließlich sieht er sich ja als Wächter unseres Wohlgefühls. Daher können wir ihn auch nur zum Mitmachen gewinnen, wenn wir Wege und Methoden wählen, bei denen er unser Wohlgefühl nicht gefährdet sieht. Dazu ist es erforderlich:

- ihn besser zu verstehen und auch zu erkennen, wie er uns austrickst, vor allem die Lügenmärchen zu entlarven, mit denen er uns von einem nachhaltigen Leben abhalten will,
- herauszufinden, wie man ihn motivieren kann, mitzumachen,
- und Strategien zu wählen, die gewissermaßen schweinehundegerecht sind.

3.
Die Lügenmärchen über Nachhaltigkeit

Die 12 Lügenmärchen

Da ein nachhaltiges Leben für unseren inneren Schweinehund zunächst unbequem, entbehrungsreich und unangenehm erscheint, wird er versuchen, uns davon abzuhalten. Allerdings ist er intelligent genug zu wissen, dass er mit einer völligen Ablehnung von Nachhaltigkeit und einer offensichtlichen Blockadehaltung schlechte Karten hat. Also versucht er es, wie auch sonst, auf subtilere und raffiniertere Weise. Denn von seiner Natur her ist der Schweinehund in uns wie ein Geheimagent, ein »Akteur im Untergrund«: Solange er bei uns Menschen im Verborgenen agieren kann, so dass wir seine Tricks und Taktiken gar nicht bemerken, wird er uns immer wieder auf die gleiche Weise in die Falle locken können und unsere Vorhaben erfolgreich sabotieren.

Angeblich soll sich ja an einem geheimen Ort, fernab der Zivilisation in einer großen Höhle, die sogenannte Schweinehundeschule befinden – wie eine Reihe nicht unbedeutender Schweinehundeforscher immer wieder berichtet hat. Hier erhalten die Schweinehunde, während ihre Herrchen und Frauchen noch in den Kinderschuhen stecken, eine perfekte Ausbildung in allen Tricks und Taktiken, und zwar so, dass sie dabei unerkannt bleiben. Hier werden sie zu Meistern der Verkleidung und zu höchst kreativen Erfindern von Ausreden und Lügenmärchen.

Viele Ausreden bedienen sich dabei der »Ja-aber-Taktik«. Und so kann man heute von durchaus angesehenen Bürgerinnen und Bürgern unseres Landes Aussagen hören wie: »Wissen Sie, ich bin ja grundsätzlich auch für Klimaschutz und Nachhaltigkeit, ABER ...« Und dann folgen Einschränkungen wie: »... man darf die Ökologie nicht zur Ideologie machen«, »... man darf den Menschen darüber nicht vergessen«, »... man kann ja nicht immer daran denken«, »... es muss ja auch praktikabel sein« und so weiter und so fort. Uwe Jean Heuser, Redakteur der *Zeit*, schreibt dazu in seinem Artikel »Ja, aber ... «[20]: »Die Bürger greifen flugs zum ABER, wenn ihnen der Umweltschutz auf die Pelle zu rücken droht.« So werde das »Ja, aber« zu einer die ganze Klimadebatte »kontraproduktiv umgebende Gummiwand«. Eine Haltung, die an den Satz des Schriftstellers Ödön von Horváth erinnert: »Ich bin eigentlich ganz anders, aber ich komme nur so selten dazu.«[21]

Und oft verpackt in die »Ja-aber«-Verkleidung folgen dann **Lügenmärchen**, die der Schweinehund uns erzählt oder einflüstert, um uns davon abzuhalten, umweltbewusster zu leben. Diese Lügenmärchen des inneren Schweinehundes sind viel tückischer und gefährlicher als die, die einst mein Vorfahre Hieronymus Freiherr von Münchhausen, der sogenannte Lügenbaron, erzählt haben soll. Denn bei seinen Lügenmärchen war die Unwahrheit offensichtlich. Jeder Leser erkannte sofort, dass sie nicht stimmen konnten, jeder halbwegs vernünftige Mensch weiß, dass es unmöglich ist, auf einer Kanonenkugel zu reiten oder sich selber am eigenen Schopf aus dem Sumpf zu ziehen.

Die Lügenmärchen, die uns der Schweinehund suggeriert, um uns von nachhaltigem Handeln abzuhalten, sind dagegen viel tückischer, da ihre Unwahrheit versteckt und verkleidet daherkommt, vordergründig nicht so leicht zu erkennen, so dass wir sie meist gar nicht bemerken – ja, sie oft sogar glauben. Daher ist es geboten und an der Zeit, sie zu entlarven! Werfen wir einen Blick in die Trickkiste des Schweinehundes und decken wir seine Lügenmärchen auf. Wahrscheinlich gibt es noch viele andere, aber hier erst mal die 12 häufigsten Lügenmärchen, die er uns (meist unbemerkt) einflüstert:

1. Das Lügenmärchen der Leugnung und des Zweifels

Die wohl radikalste Haltung besteht darin, den Klimawandel an sich als »Fake News« zu bezeichnen, ihn als »nicht bewiesen« zu verdrängen oder ihn als nicht menschengemacht zu bagatellisieren. Eine Haltung, wie sie tragischerweise der amerikanische Ex-Präsident Trump vertrat, aber auch in Deutschland von vielen AfD-Mitgliedern und sogar von Wissenschaftlern wie dem Geologen Sebastian Lüning geäußert wird. In der Klimageschichte habe es öfter Wärmeperioden gegeben, auch als der Mensch noch keinen Einfluss nehmen konnte, daher sei es zweifelhaft, dass die Erderwärmung menschengemacht sei.[22]

Varianten davon vertreten Menschen, die die Prognosen der Klimaforscher als »gar nicht so sicher« bezweifeln. »Wissen wir denn so genau, dass die Prognosen stimmen?« Und solange es nicht wirklich bewiesen und sicher ist, meint der innere Schweinehund, besteht auch keine zwingende Veranlassung, das eigene Verhalten zu ändern!

2. Das Lügenmärchen der Verharmlosung

In der Konsequenz nicht unähnlich ist die Illusion, der Klimawandel sei letztlich »gar nicht so schlimm«. »Ein paar Grad Erderwärmung machen doch gar keinen so großen Unterschied«, man solle auch nichts überstürzen, das Ganze habe noch genug Zeit. Besser, es in Ruhe anzugehen, als die Menschen unnötig zu verschrecken. Außerdem gebe es viel wichtigere Anliegen, wie den Atomkrieg zu vermeiden oder die Armut zu bekämpfen.

Zu verharmlosen und die Aufmerksamkeit auf vermeintlich Wichtigeres zu lenken, ist eine der bewährtesten Taktiken des Schweinehundes in uns. Und damit hat er leider oft gute Karten, wenn er einem suggeriert, es sei doch alles noch nicht so schlimm, das habe noch Zeit, man solle nur nichts überstürzen und sich erst noch mit Wichtigerem beschäftigen. Leider gehen ihm dabei viele auf den Leim und nutzen es als Alibi, um nicht aktiv zu werden.

3. Das Lügenmärchen der Wunderheilung

Mit naivem Optimismus glauben etliche Menschen, die Bedrohungen durch den Klimawandel würden schon durch die technologischen Innovationen gelöst werden. Die wissenschaftliche Forschung werde schon Verfahren entwickeln, die die Erderwärmung rückgängig machen können oder zumindest ihre Folgen kompensieren. Die Menschheit werde schon etwas erfinden. Das habe sie bisher immer so gemacht. Wenn man sieht, was sich allein in den vergangenen 20 Jahren in der Computertechnologie entwickelt habe, dann werde die Forschung für die Probleme des Klimawandels in Kürze auch Lösungen finden, die uns heute noch undenkbar erscheinen.

Und in der Tat wird ja auch an Verfahren geforscht, den CO_2-Überschuss in der Atmosphäre der Erde wieder umzuwandeln oder zu neutralisieren, ebenso wie es schon Methoden gibt, das durch Verbrennung fossiler Energien entstandene Kohlendioxid unter dem Meeresspiegel in den riesigen Hohlräumen zu lagern, die durch Erdgasförderung freigeworden sind. Die technologische Entwicklung habe in den vergangenen Jahrzehnten so unglaubliche Innovationen hervorgebracht, dass sie sicher dieses Problem auch in den Griff bekommen werde. Mit diesem Heilsversprechen beruhigt einen der innere Schweinehund – und schläft, von der Wunderheilung träumend, friedlich weiter.

4. Das Lügenmärchen von der Unzuständigkeit

Nachhaltige Maßnahmen gegen den Klimawandel und zur ökologischen Rettung der Erde seien primär Angelegenheiten der internationalen oder staatlichen Politik und der Wirtschaft, auf jeden Fall anderer, aber nicht des einzelnen Bürgers. Dafür brauche man internationale und globale Lösungen und staatliche Gesetze, die den Kohleabbau verhindern oder den CO_2-Ausstoß so besteuern, dass die Unternehmen oder die Bürger_innen zu einer Reduktion oder zu grünen Alternativen veranlasst werden. Außerdem seien die Umweltprobleme doch primär von anderen Ländern verursacht, die USA, China und Indien seien doch die großen Klimasünder, es könne doch nicht an Deutschland liegen, dies zu kompensieren. Dafür sind wir doch nicht zuständig.

Vertreter dieser Ansicht führen auch gerne mit an, dass die großen Umweltprobleme und Folgen des Klimawandels doch auch primär in anderen Ländern der Erde spürbar seien. Diese müssten dann auch in erster Linie etwas ändern. – »Das ist doch eigentlich nicht unser Bier!« »Warum ich, ich kann doch nichts dafür.« »Was geht mich der Klimawandel an, darum können andere sich viel besser kümmern.« »Dafür ist Deutschland nicht verantwortlich.« Wer diesen Varianten des Lügenmärchens von der Unzuständigkeit glaubt, wird seine Hände in Unschuld waschen und braucht (vermeintlich) auch kein schlechtes Gewissen zu haben, denn: Er ist ja nicht zuständig. Und die logische Folge dieser Schweinehundetaktik lautet dann eben: »Wer nicht zuständig ist, der braucht nicht zu handeln.«

5. Das Lügenmärchen von der Hoffnungslosigkeit

Eines der tückischsten und leider weit verbreiteten Lügenmärchen wird von Vertretern der resignativen Überzeugung erzählt: »Es ist eh viel zu spät!« »Es hat alles sowieso keinen Sinn mehr!« Der Klimawandel lasse sich nicht mehr umkehren oder aufhalten, der Kollaps sei mittlerweile unvermeidbar. Der bekannteste Repräsentant dieser Auffassung ist wohl der Schriftsteller Jonathan Franzen, der 2019 mit seinem Essay im *New Yorker* Aufsehen erregte: »Wann hören wir auf, uns etwas vorzumachen?« (Siehe die zusammenfassende Darstellung auf S. 28) »Das Kind ist bereits in den Brunnen gefallen, gestehen wir uns ein, dass wir die Klimakatastrophe nicht mehr verhindern können.«

Umzusteuern sei eine nicht mehr zu meisternde Herkulesaufgabe. Oder, um in der griechischen Mythologie zu bleiben, eine nicht zu bewältigende Sisyphusarbeit. Jedenfalls, sagt dann der Schweinehund, wenn es hoffnungslos ist, dann lohnt es sich ja auch nicht, noch etwas zu tun, und fügt sich resignierend und passiv ins Unabänderliche. Dass selbst Franzen zu anderen Konsequenzen kommt, ignoriert er, denn das ist bequemer und die ihm angenehmere Interpretation dieses Lügenmärchens – und so verharrt »hoffnungslos handlungslos«.

6. Das Lügenmärchen von der Wertlosigkeit

»Ich kann alleine ohnehin nichts ausrichten.« »Auf mich kommt es eh nicht an« ist die Kernüberzeugung, gewissermaßen das Credo dieses Lügenmärchens. Ja, was soll ein Einzelner auch schon bewirken, einer von Millionen in einem Land oder von Milliarden auf diesem Planeten. Und wer an den Mythos der individuellen Unzulänglichkeit glaubt, wird sich kaum zu nachhaltigem Verhalten im Alltag aufraffen können. Es ist auch eine der leider weitverbreiteten und klimaschädlichsten Fehlüberzeugungen. Auch das gehört ins Lieblingsrepertoire der Ja-aber-Haltung: »Ich bin ja wirklich für Klimaschutz, aber was soll ich alleine schon bewirken!?«.

Gesellschaftlich elegantere Varianten davon lauten dann: »Ich tue ja schon was, ich vermeide doch schon überall Plastiktüten ... mehr kann ich nun wirklich nicht ausrichten.« Oder man versteckt sich hinter der fehlenden Kooperation anderer: »Die anderen tun ja auch kaum etwas!« Wenn sich die oberen Gesellschaftsschichten schonen, warum sollte der Normalbürger dann auf seinen Ferienflug verzichten ... darauf komme es dann wohl auch nicht an.

Aus dem gleichen Lügenmärchen-Repertoire des inneren Schweinehundes stammt die Einflüsterung, der Einzelbeitrag als solcher bringe doch eh nichts. »Ob ich nun einen Plastikstrohhalm mehr oder weniger gebrauche, macht letztlich keinen Unterschied«, die einzelne nachhaltige Handlung sei doch nur »ein Tropfen auf den heißen Stein«, so dass es im Verhältnis zu den großen Emissionen nicht darauf ankomme, ob ich nun statt mit dem Auto mit dem Fahrrad ins Büro fahre. »Flugverkehr und Fleischkonsum verursachen nur einen Bruchteil des CO_2-Ausstoßes der Kohlekraftwerke.«

Mit dem Totschlagargument des kaum auszumachenden »Klimanutzens« der Einzelhandlung kann man auf genau diese Handlung bedenkenlos verzichten. Wer an die Botschaft dieses Lügenmärchens glaubt, wird kaum nachhaltig leben (da es auf ihn ja gar nicht ankomme), oder im Einzelfall immer wieder Ausnahmen machen, da es nach dem Motto »einmal ist keinmal« letztlich auch dieses eine Mal keine Rolle spiele. Aber dann kommt es wohl auf Deutschland auch nicht an, da die Bundesrepublik lediglich 2 Prozent der weltweiten Emissionen verursacht. Und so erhielte das ganze Land eine Generalabsolution, sich nicht um Nachhaltigkeit zu bemühen.

7. Das Lügenmärchen der Renditelosigkeit

»No investment without return!« Sich für etwas zu engagieren, das keinen erkennbaren, sichtbaren und messbaren Erfolg verspricht, widerspricht der menschlichen Natur. Und dieses Lügenmärchen suggeriert uns: »Es bringt dir sowieso nichts – zumindest nicht in absehbarer Zeit.« Das ist die sogenannte diskontierte Zukunft[23]: Ein Handikap nachhaltigen Verhaltens sei es, dass der Nutzen erst in der fernen Zukunft anfällt. Da den meisten Menschen aber Nutzen, der erst in der Zukunft zu erwarten ist, weniger wert ist als ein vergleichbarer Nutzen heute, ist es nur für wenige attraktiv, sich nachhaltig zu verhalten und heute auf den Fernflug zu verzichten.

Psychologische Forschungen unter dem Motto »Wie viel ist uns die Zukunft wert?« ergaben wenig ermutigende Ergebnisse: Nach repräsentativen Umfragen in 76 Ländern, die etwa 90 Prozent der Weltbevölkerung entsprechen, erwarten die meisten Menschen schon nach einem Jahr mindestens ein Drittel mehr, damit sich die Investition heute lohne. Zumindest, was Geldinvestitionen betrifft.

Doch auch aus Sicht des Klimaschutzes erscheint das eher deprimierend, denn hier gilt das Gleiche: Die Kosten oder der Aufwand fallen heute an, während der Nutzen erst irgendwann und auch nicht wirklich messbar in der fernen Zukunft kommt. Und es scheint den meisten Menschen ziemlich egal, was in 20 oder 30 Jahren mit der Welt los sein wird.[24] Wer dem Lügenmärchen von der fehlenden oder unsicheren Rendite glaubt, lebt wohl eher nach dem Motto: »carpe diem« und »nach mir die Sintflut«.

8. Das Lügenmärchen von der Unmöglichkeit

»Man kann heute gar nicht mehr plastikfrei leben« und »ohne fossile Brennstoffe und CO_2-Emissionen geht es nun mal auch nicht, das ist schier unmöglich«. Und wenn man dem Lügenmärchen von der Unmöglichkeit nachhaltigen Lebens glaubt, wird man es auch kaum versuchen. Der innere Schweinehund serviert uns am liebsten allgemeingültige Unmöglichkeitsformeln wie: »Das geht doch gar nicht!« »Das kann doch kein Mensch!« »Das ist doch viel zu schwierig« »Das kann ich gar nicht schaffen!« Und mit derlei Ausreden entbinden wir uns selbst von jeder Verpflichtung zum Handeln, ja, wir brauchen logischerweise nicht einmal einen entsprechenden Entschluss zu fassen, geschweige denn, es zu versuchen.

Denn wie schon die weisen Römer wussten: »Impossibilium nulla est obligatio« (zu etwas Unmöglichem kann man nicht verpflichtet sein). Also folgt man doch der alten Weisheit und lässt es lieber gleich – da es ja eh nicht geht. Je pessimistischer die Lebenseinstellung des Schweinehundbesitzers, desto häufiger wird er diesem Lügenmärchen zum Opfer fallen und wirklich glauben: Nachhaltiges Leben ist schier unmöglich. Eine trickreiche Variante der Unmöglichkeitslüge ist der oft gesagte Satz: »Ich habe keine Zeit!«: »Nichts gegen Nachhaltigkeit, aber dafür habe ich nun mal keine Zeit!« Und so gilt mal wieder der alte Schweinehundespruch: »Der Glaube an die Unmöglichkeit des Vorhabens schützt die Berge vor dem Versetztwerden« … und in unserem Fall den Klimawandel davor, verlangsamt zu werden.

9. Das Lügenmärchen von der Kostspieligkeit

»Ökologie muss man sich leisten können!« »Ein nachhaltiges Leben ist viel zu teuer!«, sagen etliche, die dieser Ansicht erliegen, und sie werden es vielfach belegen können. In der Tat ist Biogemüse häufig auch teurer als industriell produziertes und das Bahnticket teurer als der Billigflug. Da hilft es wenig, dass die Deutsche Bahn mit grünem Strom fährt, wenn man mit Eurowings oder Easyjet für 35 Euro von München nach Hamburg fliegen kann. Und das Gleiche gilt oft auch für Fisch aus nachhaltigem Fang, Fair-Trade-Kleidung, Biokosmetika ohne Palmöl oder Küchenutensilien aus Holz oder Metall statt aus Plastik. Ja, sogar der Weihnachtsbaum aus der Region kann mit den günstigen Angeboten bei skandinavischen Nordmanntannen preislich kaum konkurrieren. Wenn der innere Schweinehund gleichzeitig der Finanzminister im Leben seines Besitzers ist, wird er ihn mit diesem Lügenmärchen der unrentablen Kostspieligkeit erfolgreich von einem nachhaltigen Leben abhalten. Statt »Nachhaltigkeit ist cool« gilt dann leider doch wieder »Geiz ist geil«.

10. Das Lügenmärchen von der Relativierung

»Strom ist Strom, egal, ob er durch Windräder oder Kohlekraft erzeugt wird« »Elektroautos sind auch Umweltkiller.« »Spülmittel aus Efeu ist doch auch giftig.« »Papiertüten im Supermarkt tragen ebenso zur Erderwärmung bei.« Alles ist letztlich relativ. Und vordergründig stimmt es leider oft ja! Auf den ersten Blick ist Strom tatsächlich gleich Strom und bei Elektroautos fällt ähnlich viel CO_2 an wie bei einem Benziner (vor allem, wenn der verwendete Strom aus Kohle stammt), gerade ältere Efeusträucher sind in der Tat giftig (auch wenn man das Spülmittel ja nicht trinken soll) und ein erhöhter Papierverbrauch kann mittelbar zur Abholzung des brasilianischen Regenwaldes beitragen, denn Papier erfordert zur Herstellung Holz und so weiter.

Wenn man nicht aufpasst, kann der innere Schweinehund fast alles relativieren und damit nachhaltiges Verhalten in vielen Bereichen als vergebliche Mühe erscheinen lassen. Zu nahezu jedem Nachhaltigkeitsbeitrag kann er einen kollateralen Nachteil finden, der den wirklichen Nutzen relativiert und in Frage stellt. Wenn man nicht aufpasst, kann es schließlich dazu führen, dass einem Nachhaltigkeit insgesamt als relativ erscheint und man sie ganz sein lässt. Schade, aber, flüstert der kleine Saboteur: nur relativ schade!

11. Das Lügenmärchen der Doppelmoral

Viele, die nach außen ein nachhaltiges Leben propagieren und sich den Heiligenschein eines umweltbewussten Lebens aufsetzen, verhalten sich dennoch oft ziemlich widersprüchlich und entkommen dem Vorwurf der Doppelmoral nur schwer. Bezichtigt werden Veganer, die gewissenlos im SUV die Luft verpesten, Menschen, die zwar auf ihr Auto verzichten und Rad fahren, dann aber doch mit dem Flugzeug in den Urlaub fliegen, und Klimaschützer, denen es anscheinend egal sei, dass Windräder massenhaft Vögel töten (dass die Zahl der jährlich durch Windräder getöteten Vögel verschwindend gering ist im Verhältnis zu den Millionen, die durch Glasscheiben umkommen – nicht mal 0,01 Prozent –, wird bei der pauschalen Verurteilung als Doppelmoralisten geflissentlich übersehen). Der innere Schweinehund versieht ein nachhaltiges Leben gerne mit der Etikette der Doppelmoral, und dann fällt es ihm auch leicht, gleich ganz von der Nachhaltigkeit abzulassen.

12. Das Lügenmärchen der Diffamierung

Die niederträchtigste Methode, etwas zu diskreditieren und abzulehnen, bedient sich der Mittel der Diffamierung, Herabwürdigung oder Schmähung. Meist unter Zuhilfenahme von Fake News und verleumdenden Pauschalurteilen. Daher soll diese Taktik, derer sich leider auch manch skrupelloser Schweinehund bedient, am Schluss stehen. Ihr Schweinehund gehört hoffentlich nicht dazu, aber über diese Möglichkeit Bescheid zu wissen schadet sicher nicht, zumal man diesem Lügenmärchen auch in der Öffentlichkeit begegnen kann.

Es kommt häufig aus dem Milieu der Klimawandelleugner und diffamiert engagierte Menschen pauschal als »Gutmenschen«, »abgehobene Eliten« oder skrupellose Aktivisten, die sich über den Verlust von Jobs hinwegsetzen.«[25] Durch Diffamierung und Herabwürdigung sollen klimafreundliche Ideen und nachhaltiges Engagement delegitimiert werden. Der Widerstand gegen die »Panikmache« wird so zum ruhmvollen Akt der Notwehr erklärt. Menschen, die diesem Lügenmärchen glauben, werden dann auch kaum nachhaltig leben!

Checkliste: Die beliebtesten Lügenmärchen des Schweinehundes zu Nachhaltigkeit und Klimawandel			
Das Lügenmärchen von ...	Damit hat mein Schweinehund bei mir Erfolg		
	meistens	manchmal	gar nicht
1 ... der **Leugnung** und **Anzweiflung**			
2 ... der **Verharmlosung**			
3 ... der **Wunderheilung**			
4 ... der **Unzuständigkeit**			
5 ... der **Hoffnungslosigkeit**			
6 ... der **persönlichen Wertlosigkeit** und **Ohnmacht**			
7 ... der **Renditelosigkeit**			
8 ... der **Unmöglichkeit** nachhaltigen Lebens			
9 ... der **Kostspieligkeit**			
10 ... der **Relativität**			
11 ... der **Doppelmoral**			
12 ... der **Diffamierung** und **Herabwürdigung**			

Wie Sie die Lügenmärchen entkräften

Zum Lügenmärchen der Leugnung

Den Leugnern und Zweiflern kann man letztlich nur mit *harten Fakten* begegnen, die mittlerweile mehr als einmal wissenschaftlich belegt sind: vor allem der enorm gestiegene CO_2-Gehalt der Atmosphäre, die ständig steigenden Temperaturen auf der Erde (nie war es wärmer als in den ersten beiden Jahrzehnten des 21. Jahrhunderts), zunehmende Hitzeperioden, entsprechende Dürrezeiten und Waldbrände, infolgedessen auch die Schmelze des Polareises und der Gletscher, wiederum als Folge davon der kontinuierlich steigende Meeresspiegel, übersäuerte Ozeane, absterbende Korallenriffe, immer häufigere katastrophale Wirbelstürme und Überschwemmungen (siehe dazu auch die Geschichte der Nachhaltigkeit auf S. 8) und etliche weitere Fakten, vor denen eigentlich kein vernünftiger Mensch die Augen verschließen kann … und eigentlich auch nicht Ihr innerer Schweinehund. Also: Informieren Sie sich und ihn, dann wird er von diesem Lügenmärchen in Kürze ablassen.

Zum Lügenmärchen der Verharmlosung

Diesen Einflüsterungen des inneren Schweinehundes lässt sich letztlich ebenfalls nur mit den mittlerweile fast unstrittigen wissenschaftlichen Berechnungen und Prognosen begegnen. Außerdem ist es eine unreife Einstellung, die einfach die Augen vor der Realität verschließt. Es ist die Haltung, die uns Menschen abhält, bei zunehmenden Beschwerden den Arzt aufzusuchen, uns um unsere Kunden und ums Marketing zu kümmern, wenn die Verkaufszahlen kontinuierlich sinken, oder die Werkstatt aufzusuchen, wenn die Warnleuchte am Armaturenbrett rot blinkt. Und die »Klimawarnleuchte« blinkt nun seit Jahren immer intensiver. Doch viele haben sich anscheinend daran gewöhnt. Die Gewöhnung ist gewissermaßen der Nährboden, auf dem das Lügenmärchen der Verharmlosung gedeiht. Unser

Bewusstsein blendet langsame und kontinuierlich zunehmende Veränderungen mit der Zeit aus. Uns geht es wie mit dem Frosch im Topf:

Wenn man einen Frosch in einen Topf mit siedend heißem Wasser wirft, dann springt er sofort heraus. Würde man ihn allerdings in einen Topf mit kaltem Wasser setzen und dieses langsam auf Siedetemperatur erhitzen, so würde er den stetigen Temperaturanstieg nicht wahrnehmen und ums Leben kommen.

Und tragischerweise ist das bei uns Menschen genauso. Wären die Phänomene der Erderwärmung oder der Meeresverschmutzung auf einen Schlag eingetreten, wäre die Menschheit vielleicht schockiert aufgewacht und hätte entschiedener reagiert. Aber diese Entwicklung hat eben über die letzten Jahrzehnte kontinuierlich stattgefunden … und viele haben sich daran gewöhnt, wie an die blinkende Warnleuchte oder wie der Frosch an den langsamen Temperaturanstieg.

Hier gilt es aufzuwachen, den inneren Schweinehund wachzurütteln und ihn (wenn auch unsanft) mit den Tatsachen zu konfrontieren.

Zum Lügenmärchen von der Wunderheilung

Dieses Lügenmärchen ist tückisch, da es nicht vollkommen abwegig oder gar einfach widerlegbar ist, denn es könnte ja tatsächlich sein, dass die Forschung in den nächsten Jahren neue Verfahren entwickelt, die den Klimawandel rückgängig machen, zumindest seine Schäden und Gefahren für die Menschheit kompensieren oder abmildern können.

Aber niemand weiß, ob das auch gelingt, und es wäre verhängnisvoll und naiv, darauf einfach nur zu hoffen und zu vertrauen, ohne selber aktiv zu werden. Die Bedrohung für den Planeten ist nun mal so groß, dass alle mitwirken müssen, jeder Einzelne (das heißt die vielen Einzelnen) – also auch Sie und ich! Das »naive Vertrauen«, die Wissenschaft werde es schon richten, ist nichts als ein Trick des Schweinehundes, um unserer Inaktivität die Absolution zu erteilen.

Zum Lügenmärchen von der Unzuständigkeit

Vom Glauben an die Wunderheilung zum Märchen von der eigenen Unzuständigkeit ist es nur ein kleiner Schritt. Denn wenn ich glaube, die Wissenschaft werde alles schon lösen, dann bin ich selber dafür ja auch nicht zuständig. Das Gleiche gilt, wenn ich andere Staaten, die Politik oder die Wirtschaft für zuständig halte und mich damit selber aus der Verantwortung ziehe und nach der Vogel-Strauß-Taktik den Kopf in den Sand stecke. Doch viele vergessen: »Wer heute den Kopf in den Sand steckt, morgen vielleicht mit den Zähnen knirscht.«[26] Natürlich mögen in erster Linie die Politiker, die Unternehmen und die Wissenschaft zuständig sein, aber gewissermaßen in einer konzertierten Aktion, jedenfalls als die vier großen »Player«, die etwas bewirken können.

Doch keiner ist alleine zuständig und verantwortlich, vielmehr beeinflussen sie sich gegenseitig und jeder kann viel bewirken. Jedenfalls keiner ohne die anderen.

Die vier großen Player der Nachhaltigkeit

Die Einzelnen

Jeder Einzelne (also auch Sie, die Sie gerade diese Zeilen lesen), ob nun tatsächlich als Einzelkämpfer oder in der Gruppe, ist maßgeblicher Player im Kampf gegen den Klimawandel und für mehr Nachhaltigkeit. Jeder Bürger und jeder Konsument ist Hauptakteur vieler nachhaltiger Veränderungen:

- Sie können Ihr **eigenes Leben nachhaltiger gestalten**. Die vielen Möglichkeiten dazu finden Sie im Kapitel über die fünf Ritter der Nachhaltigkeit (S. 82) und Teil III des Buches mit den verschiedenen Einzeltipps.
- Sie können auch als Einzelne **innovative nachhaltige Ideen** entwickeln (siehe dazu einige kreative Beispiele unten auf S. 49).

- Sie können **Kampagnen in Gang setzen**, wie beispielsweise AnnMary Raduva auf den Fidschi-Inseln mit ihrer Kampagne »Sag Nein zu Luftballons«: Bei Festen wurden Bäume gepflanzt als ökologische Variante zur bestehenden Tradition, Luftballons steigen zu lassen. Auf diese Weise wurden innerhalb von zehn Jahren 25.000 Mangrovensetzlinge gepflanzt.[27] – Nicht viel, könnte der Schweinehund einwenden. Doch solche und ähnliche Initiativen gibt es weltweit, es wird nur nicht darüber berichtet, wir nehmen sie nicht alle wahr, und in der Summe können sie sehr viel bewirken.
- Sie können durch Demonstrationen (wie Fridays for Future) und durch ihr Wahlverhalten **die Politik beeinflussen.**
- Sie können durch ihr Konsumverhalten **die Wirtschaft dazu bringen**, nachhaltige Produkte auf den Markt zu bringen, ja sogar durch Initiativen wie Fair-Trade-Bewegungen auf bestimmten Waren bestehen oder andere boykottieren. So wurde auf der Konsumentenseite beispielsweise der Begriff LOHAS (»Lifestyle of Health and Sustainability«) geprägt. Er steht für Lebensstile und Konsumententypen, die durch ihr Konsumverhalten nachhaltige Produkte und Dienstleistungen fördern wollen. Hier zeigt sich, dass Konsum und Produktion letztlich zwei untrennbare Seiten einer Medaille sind und dass Konsumenten und Produzenten gleichermaßen wesentliche Verantwortung für einen nachhaltigen Konsum tragen.[28] Natürlich kann das individuelle Konsumverhalten nicht das ganze Wirtschaftssystem in Richtung Nachhaltigkeit umsteuern, aber es ist neben der Politik doch ein starker Einflussfaktor.
- Und schließlich beeinflussen sie durch ihr Verhalten und ihre Meinungsäußerungen auch **die Berichterstattung in den Medien.**

Was der Einzelne noch tun kann – ein paar innovative Beispiele:

- *Angad Daryani*, 21 Jahre, aus Mumbai in Indien hat mit ihrem Projekt »Praan« (das heißt »Strom des Lebens« in Sanskrit) ein kostengünstiges, kohlestoffarmes Luftreinigungssystem entwickelt, das mithilfe von künstlicher Intelligenz Partikel aus der Luft herausfiltert: von grobem Staub bis zu mikroskopisch kleinen Kohlestoffteilchen, die Lungenkrebs verursachen können. Mittlerweile arbeiten über 70 Personen an »Praan« – alle ehrenamtlich.

- *Alhaji Bah,* 20 Jahre, aus Freetown, Sierra Leone, hat in der Garage eines Freundes ein Unternehmen gestartet, das gegen die Abholzung kämpft und gegen die Verschmutzung der Natur und der Luft. Er stellt biologisch abbaubare Papiertüten aus Bananenfasern und Briketts aus Kokosnussabfällen her. Kein Baum muss dafür gefällt werden. Als obdachloser Junge hatte er begonnen, nun wird er zu Konferenzen eingeladen.

- *Leonie Prillwitz,* 16 Jahre, aus Friedberg in Hessen hat einen Mikrofaserfilter für Waschmaschinen entwickelt, der das Abwasser filtert. Ihr kam es vor allem darauf an, dass bei den Menschen das Bewusstsein für das durch unsere Kleidung in die Umwelt abgegebene Mikroplastik wächst. Denn der CO_2-Ausstoß bei der Herstellung der Kunststoffe für die Kleidung ist immens, und ebenso groß ist das Problem der Entsorgung.

- *Anna Luísa Beserra Santos,* 22 Jahre, aus Salvador in Brasilien hat schon mit 15 Jahren ein System entwickelt, das allein durch Solarenergie aus Regenwasser Trinkwasser macht und in entlegenen und isolierten Regionen angewendet werden kann. Normalerweise wird das Wasser dort mit Chlor versetzt oder abgekocht, wofür man wiederum Gas oder Feuerholz braucht. Durch ihre Aufbereitungsanlage können die Menschen dort nicht nur auf Chemikalien verzichten und Ressourcen und CO_2 sparen, sondern sie haben auch einen unabhängigen Zugang zu sauberem Wasser und somit ein geringeres Risiko zu erkranken.

Die Politik

Natürlich hat die Politik auf nationaler wie internationaler Ebene die stärksten Mittel zur Verfügung, vor allem durch zwei Instrumente. Zum einen durch die Bepreisung des CO_2-Ausstoßes, also durch Emissionshandel, durch Steuern und Auflagen, die Klimasündern das wirtschaftliche Leben schwer machen. Zum anderen durch Investitionen für die Förderung erneuerbarer Energien. Sie kann aber auch Gesetze erlassen, die bestimmte umweltschädliche Produkte verbieten (zum Beispiel das Verbot von Einmalgeschirr und Strohhalmen aus Plastik) oder Produktkennzeichnungspflichten auferlegen hinsichtlich bestimmter Inhaltsstoffe oder Energieverbrauch. Und auf europäischer Ebene will Ursula von der Leyen mit ihrem 2020 verkündeten »European Green Deal« grenzüberschreitend den »ersten klimaneutralen Kontinent der Welt« schaffen.

- Vor allem kann die Politik durch entsprechende Gesetze und Auflagen **die Entscheidungen der Wirtschaft beeinflussen**.
- Ebenso kann sie die Anstrengungen der **Wissenschaft lenken**, wie beispielsweise durch die neuen staatlichen Förderprogramme in Deutschland und Frankreich, mit denen in den nächsten Jahren Milliarden in die Erforschung von Wasserstoff als Treibstoff investiert werden.[29]

Die Wirtschaft und das Finanzsystem

Weltweit schreiben sich immer mehr Unternehmen Nachhaltigkeit auf ihre Fahnen – Global Player ebenso wie Mittelständler und kleine Betriebe. Egal ob als Folge gesetzlicher Vorgaben, freiwillig oder aus Imagegründen: Hauptsache, sie tun es! Und es geschieht hier viel mehr, als man es gemeinhin wahrnimmt. Zur internationalen Koordination wurde das *World Business Council of Sustainable Development* (WBCSD) gegründet.

- Mittlerweile existiert eine Vielzahl von auf Freiwilligkeit und selbstorganisierten Prozessen beruhenden Ansätzen und Initiativen, insbesondere im Wege des klassischen Instruments der *freiwilligen Selbstverpflichtung*, wie der Verzicht auf Kinderarbeit oder Massentierhaltung oder die Garantie von fair gehandelten Produkten.[30] Siemens beispielsweise war das erste Großunternehmen, das bereits 2015 Klimaneutralität bis zum Jahr 2030 angekündigt hat. Allein 2019 hat Siemens bei seinen Kunden weltweit zu einer Reduktion der CO_2-Emissionen um 640 Millionen Tonnen beigetragen.
- Die Wirtschaft kann Kohle, Gas und Öl immer besser und billiger ersetzen und Strom durch Sonne, Wind und Wasser erzeugen. Da gleichzeitig die Regierungen die CO_2-intensiven Wirtschaftsformen immer unattraktiver und kostspieliger machen, werden neue Investoren angezogen, wie beispielsweise Tesla in Brandenburg.
- Auch bei Kapitalanlegern hat eine Wende zu klimafreundlichen Investments stattgefunden. Immer mehr Kunden achten auf Nachhaltigkeitsfaktoren in ihren Portfolios. Sogar die US-amerikanische Fondsgesellschaft Blackrock, die für ihre Kunden ein Vermögen von sieben Billionen Dollar verwaltet (eine Wirtschaftsleistung, die Deutschland in rund zwei Jahren erbringt), will die Zahl ihrer nachhaltigen Fonds bis 2021 auf 150 verdoppeln. »Disvestments« nennt man die Abkehr von Investitionen in fossile Energieträger und entsprechende Branchen. Und die Blackrock-Kehrtwende ist nur ein Teil der neuen Disvestment-Bewegung, die mit dazu beitragen kann, die Welt zu verändern.[31] Auch sogenannte »Grüne Anleihen«, die von Staaten, Regionen, Städten, dem IWF oder von Entwicklungsbanken ausgegeben werden und deren Kapital in den Klimaschutz investiert wird, sind für institutionelle Investoren wie Pensionsfonds immer attraktiver geworden.[32]
- In diesem Sinne handeln auch Banken wie die GLS-Bank, die Kredite nur noch an Unternehmen vergibt, die nachhaltig wirtschaften. Die GLS-Bank ist die größte sozial-ökologische Bank in Deutschland, doch auch etliche andere nach ethischen Kriterien

agierende Banken erleben in letzter Zeit immer größeren Zulauf. 2019 beschloss die GLS, ihr Anlage- und Kreditgeschäft bis zum Jahr 2022 kompatibel zu machen für einen Maximalanstieg der Durchschnittstemperatur auf der Erde von 1,5 Grad, wie es im Pariser Klimaabkommen festgeschrieben ist.[33]

- Auch der Wald ist infolge des wachsenden Interesses an nachhaltigen Kapitalanlagen bei Investoren zu einem immer begehrteren Anlageobjekt geworden. Zu den Waldinvestoren zählen zunehmend auch Versicherungen, Stiftungen und Versorgungswerke.[34]

Die Wissenschaft

Die wissenschaftliche Forschung ist einer der großen Hoffnungsträger im Kampf gegen den Klimawandel. Kontinuierlich werden umweltfreundlichere Produkte und Verfahren entwickelt, vor allem mit dem Ziel, den CO_2-Ausstoß nicht nur zu reduzieren, sondern entstandenes CO_2 zu neutralisieren oder gar wieder umzuwandeln.

- So wurde beispielsweise die sogenannte »Carbon Capture and Storage«-Technologie (CCS) erforscht, mit der man größere Mengen an freigesetztem Kohlendioxid direkt nach dem Verbrennungsprozess abtrennen und unter hohem Druck in unterirdischen Hohlräumen lagern könnte.
- Mit dem auf den Nobelpreisträger Paul Crutzen zurückgehenden »Climate Engineering« könnte man versuchen, mit bestimmten Techniken die Erdatmosphäre künstlich zu kühlen, um dadurch der Erderwärmung entgegenzuwirken. So könnten beispielsweise kleine Partikel (Aerosole) in großen Mengen in obere Atmosphärenschichten verbracht werden, um das Rückstrahlungsvermögen der Atmosphäre zu erhöhen, oder es könnte versucht werden, der Atmosphäre in großem Umfang Kohlendioxid zu entziehen und in den Ozeanen zu lagern.[35]
- An vielen Fronten tragen die Wissenschaften zur Konkretisierung von Nachhaltigkeit, zur Diagnose von Nachhaltigkeitsproblemen

und zur Entwicklung nachhaltiger Therapien bei. Nachhaltigkeit wird immer mehr zum festen Inventar von nationalen, europäischen und internationalen Forschungsprogrammen und zum Inhalt von Studiengängen an Universitäten und Fachhochschulen. So gibt es mittlerweile neben einem Studium Wirtschafts- und Umweltrecht, einem Bachelorstudiengang Recycling und Entsorgungsmanagement und einem Master in Umweltmanagement auch einen Masterstudiengang Ökotoxokologie oder einen Bachelorstudiengang Life Science Engineering. Das Angebot an Studiengängen zum Klimaschutz wächst rasant.[36]

- Und schließlich richten sich (glücklicherweise) politische Entscheidungen (jedenfalls in Deutschland) stark nach wissenschaftlichen Erkenntnissen.[37]

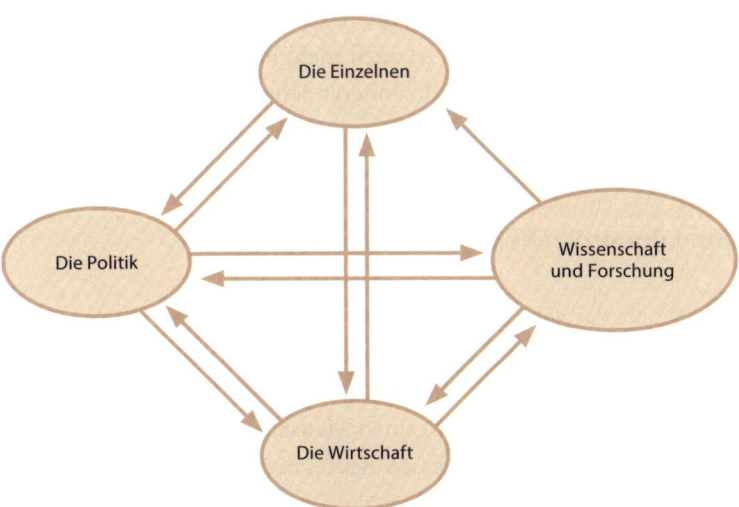

Die Politik muss die notwendigen Gesetze erlassen, die Wissenschaft neue nachhaltige Verfahren entwickeln, die Wirtschaft nachhaltige Produkte herstellen und möglichst CO_2-neutral produzieren und transportieren und der Einzelne wird wiederum durch sein Konsum- und Wahlverhalten die Wirtschaft und Politik beeinflussen. Keiner kann sich dabei wie bei einer Sportmannschaft aus dem Team »stehlen«. Wir sind alle zuständig und verantwortlich, ob wir es nun wollen oder nicht. Und der innere Schweinehund gehört nun mal mit zum Team!

Zum Lügenmärchen von der Hoffnungslosigkeit

Die klare und eindeutige Antwort darauf findet sich schon oben im Abschnitt zu den »Kollapsologen« (auf Seite 27) und lautet: Niemand weiß genau, wann und ob es »zu spät« ist. Und so lange lohnt jeder Einsatz. Und die Mehrheit der Klimaforscher ist nach wie vor davon überzeugt: Selbst wenn die CO_2-Emissionen und demzufolge die Temperaturen weiter steigen, ist es längst nicht zu spät! Es bleibt noch Zeit, um zu reagieren und Gegenmaßnahmen zu ergreifen. Wir können das Schlimmste noch verhindern, wenn wir die richtige Wahl treffen. Und es macht eben einen großen Unterschied, ob es gelingt, den Temperaturanstieg bei 2 Grad oder bei 3 oder 4 Grad zu stabilisieren! Also: Es ist nicht zu spät, es ist auch nicht hoffnungslos! Wir können noch viel tun! Auch Sie und Ihr innerer Schweinehund. Es gibt keinen Freibrief, um sich in Resignation zu verkriechen.

Zum Lügenmärchen von der Wertlosigkeit

Dies ist eine der gefährlichsten und nachhaltigkeitsfeindlichsten Einflüsterungen des inneren Schweinehundes. Hat es denn überhaupt Sinn, wenn ein Einzelner nachhaltig lebt? Was kann denn schon die einzelne Handlung eines einzelnen Menschen bewirken? Ist es denn nicht letztlich völlig egal, ob ich heute, hier und jetzt diese Plastikflasche in den Restmüll oder in die Recyclingtonne werfe? – Und die klare Antwort lautet: Ja, es hat Sinn! Der Beitrag des Einzelnen ist nicht wertlos. Es kommt auf jeden Einzelnen an und bei diesem wiederum auf jeden Einzelbeitrag, mag dieser auch noch so gering erscheinen. Denn der stete Tropfen höhlt den Stein.«

Viele Einzelne zusammen können viel bewirken, viele Tropfen eine Welle auslösen. Immer wieder haben Menschen eine Bewegung oder

Welle in Gang gesetzt. So die Friedensbewegung in Deutschland in den 1980er Jahren, die Freiheitsbewegung in der DDR, die letztlich zum Fall der Mauer geführt hat, die »Black lives matter«-Bewegung im Jahr 2020 und nicht zuletzt die »Fridays for future«-Bewegung gegen den Klimawandel. Jedes Mal ist die Kraft der Bewegungen aus der Summe der Einzelnen entstanden und keiner der Teilnehmer ist ihr mit dem Gedanken ferngeblieben: »Auf mich kommt es doch eh nicht an«! Es hatte also subjektiv für den Einzelnen Sinn, mitzuwirken, um in der Summe eine Wirkung zu erzielen. Sonst könnte man ja bei der Bundestagswahl auch fernbleiben, wenn man sich einredet, eine einzelne Stimme von gut 60 Millionen Wahlberechtigten könne eh nichts bewirken. So wie es bei einer Wahl auf jede Stimme ankommen kann, so kommt es auch in puncto Klimaschutz auf jede einzelne Handlung an, die in der Summe doch viel bewirken kann. Warum?

Weil mittelbar die Einzelnen durch ihr Verhalten auch großen Einfluss auf die Politik und die Wirtschaft ausüben können. Politiker können es sich letztlich nicht leisten, die Einstellungen und Wünsche ihrer Wähler zu ignorieren. Ebenso wenig kann die Wirtschaft das Verhalten und die Bedürfnisse ihrer Käufer und Kunden außer Acht lassen. Wenn die Nachfrage nach Verbrennungsmotoren, Palmölprodukten, Rindfleisch und exotischen Früchten sinkt, dann wird sich automatisch mittelbar auch das Angebot verändern. Ebenso bei Kapitalanlagen. In den vergangenen Jahren nehmen die Investitionen in klimafreundliche Unternehmen immer mehr zu und sogar das Investmentunternehmen Blackrock hat seine Schwerpunkte in Richtung klimaneutraler Beteiligungen verlagert.

Die Summe des Verhaltens Einzelner hat eine größere Wirkung, als wir oft denken. Und das müsste auch der innere Schweinehund verstehen – wenn man es ihm behutsam, aber nachhaltig einflüstert! Letztlich hat jeder auch Einfluss auf sein Umfeld, auf seine Familie, seine Freunde und die Nachbarschaft. Hierzu ist es auch gar nicht erforderlich, mit erhobenem Zeigefinger moralisch belehrend oder missionierend auf andere einzuwirken. Das bloße Vorleben und Verhalten spricht für sich selbst und hat Einfluss auf andere. Taten bewirken nun mal mehr als Worte.

Aber auch für einen selbst, ohne dass andere es mitbekommen, kann

Auch Schweinehunde gehen auf Demos
für eine nachhaltige Zukunft

es von Wert sein, indem es einem das Gefühl geben kann, einen (wenn auch noch so kleinen) Beitrag zum Wohle des Planeten zu leisten. Wer eine leere Coladose auf der Straße aufhebt und in den Mülleimer wirft, schafft ein Stückchen mehr Sauberkeit auf der Welt – und geht danach oft mit einem besseren Gefühl weiter. Und je mehr so handeln, desto mehr Sinn ergibt es und desto größer ist die Wirkung. Manchmal kann aus einer lokalen Bewegung eine werden, die sich im digitalen Zeitalter in kürzester Zeit millionenfach um die Welt verbreitet.

Also vertrauen Sie auf den Wert Ihrer nachhaltigen Einzelhandlung … und bringen Sie auch Ihrem kleinen Saboteur das Vertrauen bei, damit er freudig mitmacht. Dann wird nämlich auch er sich wohler fühlen.

Zum Lügenmärchen von der Renditelosigkeit

Die Haltung »no investment without return«, die einen davon abhält, sich für etwas zu engagieren, was einem selber (zumindest in absehbarer Zeit) eh nichts bringt, steht im diametralen Gegensatz zur Einstellung des alten Mannes in der Geschichte mit den Stecklingen (am Anfang des Buches auf Seite 8). Als der König ihn fragt: »Du bist schon so alt. Wozu pflanzt du dann noch Stecklinge? Du kannst ihr Laub nicht mehr sehen. Du kannst in ihrem Schatten nicht mehr ruhen. Auch ihre Früchte wirst du nicht mehr essen«, antwortet er ihm: »Die vor uns kamen, haben gepflanzt, und wir konnten ernten. Wir pflanzen nun, damit die, die nach uns kommen, auch ernten können«, und pflanzt weiter seine Stecklinge.

Auch wenn viele Menschen oft in erster Linie mit ihrem Wohlergehen in der Gegenwart beschäftigt sind, so kommen sie doch nicht daran vorbei, sich auch mal zu fragen: »Welche Spuren will ich hinterlassen, wenn ich mich einst aus diesem Leben verabschiedet habe; welche Spuren bei anderen Menschen und auf diesem Planeten?«. Spuren, die dazu beitragen, dass auch die nächste und übernächste Generation gut leben kann, mit anderen Worten: »enkelgerecht« zu leben.

Und was den »Return on Investment« betrifft, so kann sich dieser auch mit einer anderen Sichtweise finden. Aus dem nachhaltigen Verhalten selber kann sich für mich ein »Instant Return on Investment« ergeben, indem ich eben etwas Sinnvolles und auch für spätere Generationen Nachhaltiges tue. Mit dieser Perspektive ist es dann auch nicht mehr erforderlich, später *für* seine guten Taten belohnt zu werden, sondern man wird im Moment des Handelns selber *durch* seine guten Taten belohnt. In diesem Sinne ist auch der Spruch von Marc Wallert zu verstehen: »Helfen hilft ... dem der hilft.«[38]

Wer sich nachhaltig engagiert, der wird möglicherweise allein dadurch erfüllter und zufriedener leben. Und das wird recht schnell auch sein innerer Schweinehund merken ... und mitmachen. – Auch Martin Luther hatte wohl diese Überzeugung, die sich in seinem Ausspruch widerspiegelt: »Wenn morgen die Welt unterginge, dann würde ich heute noch ein Apfelbäumchen pflanzen.«

Zum Lügenmärchen von der Unmöglichkeit

Natürlich kann man nicht völlig plastikfrei leben und ohne jeglichen CO_2-Ausstoß auskommen, aber darum geht es ja auch gar nicht. Nachhaltigkeit erfordert doch keinen Perfektionismus und auch keine völlige Vermeidung von allem, was umweltbelastend und klimaschädlich ist, sondern eine *Reduktion* im Rahmen des individuell Möglichen. Und insofern ist ein nachhaltiges Leben durchaus möglich! – Sonst könnte man vor allem kapitulieren, da es auch kaum möglich ist, völlig gesund zu leben, eine perfekte Ehe zu führen, Kinder »richtig« zu erziehen und so weiter. Es geht bei allem nur darum, es *bestmöglich* zu versuchen, im Rahmen der eigenen Möglichkeiten, in kleinen Schritten, ohne sich zu überfordern oder die Latte zu hoch zu legen. Und das *ist möglich!*

Und nachhaltig zu leben erfordert grundsätzlich auch nicht mehr Zeit – außer vielleicht, wenn man statt mit dem Auto zu fahren das Rad nimmt. Allerdings kommt dieses Zeitinvestment ja gleichzeitig der eigenen Gesundheit und Fitness zugute – und amortisiert sich also wieder.

Das Unmöglichkeitsargument ist demnach (genauso wie der Vorwand, keine Zeit zu haben) ein sehr vordergründiges Taktieren des inneren Schweinehundes und letztlich leicht zu widerlegen. Also antworten Sie ihm getrost mit den Worten des ehemaligen amerikanischen Präsidenten Barak Obama: »Yes, we can!« Oder auch im Sinne Angela Merkels: »Wir schaffen das!« (ohne dass Sie politische Konsequenzen fürchten müssen).

Zum Lügenmärchen von der Kostspieligkeit

Dieses Lügenmärchen zu widerlegen ist zunächst gar nicht so einfach, da es nicht völlig unwahr ist, im Gegenteil sogar einen nicht unbeachtlichen Wahrheitsgehalt enthält. Doch letztlich nur vordergründig. Bei eingehender Betrachtung kann sich wohl auch der innere Schweinehund differenzierenden Argumenten nicht entziehen:

- Viele Beiträge zur Nachhaltigkeit kosten gar nichts oder jedenfalls nicht mehr als sonst. Auf bestimmte Dinge zu verzichten, weniger zu kaufen, Dinge wiederzuverwenden oder zu recyclen, führt zu keinen erhöhten Ausgaben (siehe die Ritter der Nachhaltigkeit unten auf S. 82)
- Manche Dinge sind nur auf den ersten Blick teurer, nicht aber in der Gesamtkalkulation. So mag es wohl sein, dass die einzelne Biokarotte mehr kostet, aber Untersuchungen haben ergeben, dass genau deswegen viele Menschen bewusster und damit oft auch weniger einkaufen, als wenn sie die Großpackung günstiger erhalten könnten. Infolgedessen wird meist auch weniger weggeworfen. Die Achtsamkeit im Umgang mit Nahrung, wie auch mit Bekleidung und Kosmetika, steigt nicht selten mit dem Preis.
- In vielen Bereichen ist nachhaltiges Leben gesünder und lohnt sich unter dem Strich doch auch für einen selbst. Die Investition in nachhaltige und bessere Produkte amortisiert sich oft in Wohlbefinden, Gesundheit und längerer Haltbarkeit. Auch hier gilt die Weisheit, dass »zu billig letztlich zu teuer« ist. Da sparen viele an der falschen Stelle.
- Schließlich gilt auch hier die Begrenzung im Rahmen der eigenen finanziellen Möglichkeiten, soweit man es sich eben leisten kann.

Und sonst muss man halt manchmal Kompromisse zwischen gebotener Sparsamkeit und teureren nachhaltigen Ausgaben eingehen. Das steht mit einem grundsätzlich nachhaltigen Leben nicht im Widerspruch. Man muss ja auch nicht notwendigerweise Veganer werden, wenn man sich umweltbewusst ernähren will.

Zum Lügenmärchen von der Relativierung

Relativierungen sind ein perfides rhetorisches Mittel, um den nicht fachkundigen Laien zu manipulieren, und anscheinend hat der innere Schweinehund hierbei in seiner Schulzeit gut aufgepasst und gelernt, es raffiniert einzusetzen. Das Tückische ist, das dieses Lügenmärchen auf den ersten Blick durchaus glaubwürdig daherkommt. Auch wenn sich all diese Beispiele bei genauerer Analyse leicht entkräften ließen, so klingen sie zunächst doch plausibel und scheinen vordergründig überzeugend. Ein demagogisches Mittel, dessen sich auch viele Populisten in der Vergangenheit bedient haben und ebenso heute noch weltweit nutzen.

Beim Einsatz dieses Lügenmärchens zeigt auch der innere Schweinehund seine populistisch demagogische Seite. Um hierauf klar zu antworten, muss man sich die Mühe machen, genauer hinzusehen, die Unterschiede zu analysieren und die wirklichen Unterschiede herauszuarbeiten. Beispielsweise mag es sein, dass auch die Herstellung von Papier zum Teil Kollateralnachteile hat, dennoch ist eine Papiertüte eben meist umweltfreundlicher und nachhaltiger als eine Plastiktüte, und zwar vor allem, weil die Plastiktüte häufig nicht richtig entsorgt wird, sondern in der Müllverbrennung oder in der Umwelt landet. Bei Papier dagegen steigt die Chance zur Mehrfachverwendung und auch das Recycling gelingt oft besser. Und das gilt für die meisten nachhaltigen Maßnahmen und Möglichkeiten, die im dritten Teil des Buches empfohlen werden. Wenn man wirklich mit der Technik der Relativierung argumentieren will, dann zeigen Sie Ihrem inneren Schweinehund am besten, dass viele der vorgebrachten Nachteile eben nur relativ gering sind!

Zum Lügenmärchen von der Doppelmoral

Dazu gibt es eine ganz einfache Antwort: Was kümmert mich die Doppelmoral anderer! Wenn manche Menschen tatsächlich so widersprüchlich leben, dann kann mich das doch nicht abhalten, selber integer und möglichst nachhaltig zu leben. Und ein perfekt nachhaltiges Leben ist sowieso kaum möglich, denn ohne gewisse Widersprüchlichkeiten geht es kaum. Aber dazu muss man differenzieren und Imperfektion in Kauf nehmen, wozu der innere Schweinehund nun mal nicht neigt. Also: Es geht nur um Sie nicht um das, was andere tun.

Lieber unperfekt nachhaltig, als moralisierend klimaschädlich!

Zum Lügenmärchen von der Diffamierung

Es ist mit Sicherheit das perfideste Lügenmärchen, um nachhaltiges Leben zu verhindern, doch Sie sind dagegen vermutlich immun, sonst hätten Sie dieses Buch nicht gekauft und wohl kaum bis hier gelesen. Was kann man Menschen antworten, die diese Haltung haben und so argumentieren? Das ist leider nach meiner Erfahrung ganz schwierig, da sie meist von ihrer Sichtweise so überzeugt sind, dass sie einer rationalen und faktenorientierten Diskussion nicht zugänglich sind. Oft basiert ihre Haltung auf irgendwelchen Verschwörungstheorien, die sie im Internet gefunden haben, die wiederum alle anderen Ansichten ablehnen oder verteufeln.

Alles, was man versuchen kann, ist, diese Menschen ganz sachlich mit den Fakten und Tatsachen zu konfrontieren. Aber wenn das nicht gelingt, bleibt einem oft nur der stille Rückzug und die Vermeidung jeglicher weiterer Konfrontation, die häufig nur destruktiv eskaliert.

Um selber nachhaltig zu leben, müssen es ja nicht alle tun. Wichtig ist, sich von diesen Diffamierungen nicht irritieren zu lassen. Ihr Schweinehund scheint solch diskreditierende Methoden aber anscheinend selber abzulehnen. Sonst würden Sie (wie oben schon gesagt) diese Zeilen jetzt erst gar nicht lesen.

Teil II
NACHHALTIG PSYCHOLOGISCHE WERKZEUGE

1.
Wie man den inneren Schweinehund zur Nachhaltigkeit motivieren kann

Push- und Pullfaktoren

Lassen Sie uns hierzu zunächst kurz die zwei üblichen und bewährten Motivationsprinzipien ansehen, die weltweit eingesetzt werden. Sie lassen sich vereinfacht an der Frage darstellen:

»Wie bringen Sie einen störrischen Esel zum Laufen«?

Diese Frage stellte auch der amerikanische Motivationsforscher Herzberg seinen Studenten. Anhand des nach ihm benannten Herzberg-Modells erläuterte er, mit welchen beiden Motivationsstrategien nicht nur störrische Esel sich in Bewegung setzen, sondern auch die meisten Menschen sich und andere antreiben:

Strategie Nummerr 1: »KITA«, Das heißt wörtlich – bitte verzeihen Sie: – Man gibt jemandem einen »kick in the ass«, zu Deutsch, man tritt ihn in den Hintern! Und wenn man fest genug tritt, dann setzt sich der Esel auch in Bewegung.

Das ist die vielmals erprobte Motivationsmethode **mittels Druck,** Drohungen, Strafen, Sanktionen, Anbrüllen, Vorhaltungen, Schlechtes-Gewissen-Bereiten und so weiter. Und sie funktioniert! Fast überall wird sie eingesetzt: in Unternehmen, in Beziehungen, in der Kindererziehung und bei uns selbst. Auch wir haben gelernt, uns selber unter Druck zu setzen, uns Vorwürfe zu machen und uns mit unserem schlechten Gewissen immer wieder einen Tritt zu geben.

Schweinehunde lernen das ABC
der Nachhaltigkeit

Strategie Nummer 2: »Karotte« Man hält dem Esel eine Karotte vor die Nase, lässt ihn etwas davon knabbern und geht dann, mit der Karotte wedelnd, ein Stück voran. Und siehe da: Der Esel folgt, in der Hoffnung, mehr von der Karotte zu bekommen. Und ab und zu muss er auch ein Stück davon oder eine neue Karotte bekommen, sonst funktioniert die Methode über kurz oder lang nicht mehr!

Das ist die Motivationsmethode mittels Belohnungen, Prämien, Tantiemen, Beförderung, Lob, Anerkennung, Schmeichel- und Streicheleinheiten und so weiter. Auch sie wird mit Erfolg eingesetzt von Vorgesetzten, von Partnern, von Eltern und von uns selbst mit uns selbst. Zur Belohnung für die durchgehaltene Diät laden wir uns mal richtig gut zum Essen ein!

Letztlich sind es also zwei bewährte Hebel, über die man versuchen kann, den inneren Schweinehund in Bewegung zu setzen und zum Handeln zu bringen: Druck oder Belohnung. Im Bereich der Nachhaltigkeitsforschung werden sie als »Push- und Pull-Faktoren« bezeichnet. Hierzu schreibt Iris Pufé in ihrem Buch *Nachhaltigkeit*:[39] »Die Motivation staatlicher, privatwirtschaftlicher oder wissenschaftlicher Akteure, sich nachhaltig auszurichten, speist sich aus zwei Quellen. Push-Faktoren sind jene Gründe, die uns veranlassen, von nicht-nachhaltigen Aktivitäten aufgrund deren schädlicher Wirkung abzusehen. – Pull-Faktoren sind die Motive und Gründe, die es für Akteure attraktiv machen, das Thema Nachhaltigkeit ernst zu nehmen und umzusetzen.«

Die Push-Faktoren (weg von der Nicht-Nachhaltigkeit)

Die schon mehrfach erwähnten Umweltprobleme und bereits spürbaren Folgen des Klimawandels sind aktuell die stärksten Push-Faktoren – vor allem jene, die unser planetares Ökosystem existenziell bedrohen:

- der Treibhauseffekt und der Anstieg der Erdmitteltemperatur,
- Hitze und Dürreperioden,

- die weltweite Zunahme verheerender Waldbrände (wie in Kalifornien, Australien, Südeuropa, aber eben auch wie in Brandenburg im Sommer 2019),
- immer häufigere Stürme, Orkane, Hurrikane,
- Polkappenschmelze und ständiger Meeresspiegelanstieg,
- Hochwasser, Überschwemmungen und Erdlawinen,
- Waldrodungen und Waldsterben (schon 70 Prozent aller Wälder weltweit sind gerodet),
- Bodenerosion und Desertifikation,
- Verschmutzung, Übersäuerung und Temperaturanstieg der Meere, Korallensterben,
- Ressourcenerschöpfung,
- zunehmende Wasserknappheit in vielen südlichen Ländern,
- Ausrottung unzähliger Tier- und Pflanzenarten,
- und nicht zuletzt ein drohender bevorstehender Kollaps des Ökosystems.

Die Bewusstmachung dieser Faktoren müsste eigentlich im Sinne von »KITA« schon als kräftiger Tritt in den Hintern des Schweinehundes ausreichen, um ihn wachzurütteln und zum Handeln zu bewegen. Und in der Tat scheint dies ja weltweit auch schon vielfach eingetreten zu sein. Die Frage ist letztlich, ob das auch für Ihren persönlichen inneren Schweinehund genügt.

Die Pull-Faktoren (hin zu mehr Nachhaltigkeit)

Pull-Faktoren stellen Anreize dar, sich nachhaltiger zu verhalten. So können wirtschaftliche Akteure den größten Nutzen von Nachhaltigkeit in Aspekten von Innovation, Wettbewerbsvorteilen und Differenzierung sehen. Vor allem, wenn die Nachfrage nach nachhaltigen Produkten durch aufgeklärte und umweltbewusste Konsumenten steigt, kann sich der bisherige Push-Ansatz künftig verstärkt in einen Pull-Ansatz verwandeln.

So haben Umfragen ergeben, dass mittlerweile 90 Prozent der Führungskräfte in der Wirtschaft überzeugt sind, dass nachhaltig ausgerichtete Unternehmen langfristig einen größeren wirtschaftlichen Erfolg hätten als ausschließlich profitorientierte. Damit wandelt sich eine zunächst abwartend skeptische Grundhaltung in Unternehmen immer mehr in eine positiv-erwartungsfreudige Einstellung. Die Karotte scheint zumindest in der Wirtschaft immer besser zu schmecken.

Und seit Einführung des Dow Jones Sustainability Group Index (DJSI) schlägt sich dies auch in steigenden Börsenkursen nieder. So ergeben sich für nachhaltig orientierte Unternehmen nicht nur Nutzenpotenziale aus Kosteneinsparungen bei Ressourcen und Prozessen, sondern zugleich auch Wettbewerbsvorteile durch eine Steigerung der Energie- und Materialeffizienz, durch eine erhöhte Kundenattraktivität, Innovationen und vor allem durch ein besseres Image auf dem Markt – immer noch eine der verlockendsten »Karotten«.

Auch Sie persönlich könnten durch ein nachhaltigeres Leben etliche Vorteile haben. Vielleicht unterbrechen Sie mal kurz die Lektüre, halten einen Moment inne und fragen sich: Was wären Ihre Karotten, was wären die Vorteile, die Sie (und letztlich auch Ihr innerer Schweinehund) durch ein aktiv nachhaltigeres Leben hätten? Wo und was könnten Sie einsparen, wodurch würde vielleicht Ihr Leben gesünder und erfüllter werden? Und welchen sonstigen Zugewinn würde es Ihnen bringen? Am besten notieren Sie sich diese auf einem Zettel. Ein paar Anregungen finden Sie auf Seite 81. Doch bevor Sie umblättern, wäre es jedenfalls für Sie kreativer und bereichernder, erst mal selber nachzudenken und es für sich zu klären, um es danach mit den Anregungen hier im Buch zu vergleichen und dann damit gerne Ihre eigenen Ideen zu ergänzen. Jedenfalls kann es für Ihren inneren Schweinehund sinnvoll sein, die Karotten zu sehen und daran zu schnuppern.

Letztlich sind allerdings »KITA« und »Karotte« meistens nur vordergründige Motivatoren, deren Kraft (»extrinsisch«) von außen wirkt. Eigentliche Motivation kommt von innen (»intrinsisch«).

- Mit Druck alleine kann man auf Dauer keine Motivation erreichen. Denn sobald man aufhört zu treten, bleibt der Esel stehen. Entfällt die Kontrolle der Hausaufgaben, wird der Sohn diese bald nicht mehr anfertigen. Wenn der neue Vorgesetzte Unpünktlichkeit nicht mehr moniert, geht bei vielen die bisherige Pünktlichkeit »baden«. Und auch wir selbst werden so manch sinnvolle Tätigkeit einstellen, wenn wir uns nur unter Druck dazu bewegen konnten. Nun ist es beim Klimawandel allerdings insofern von Vorteil, dass zurzeit (leider) keiner der negativen »Push-Faktoren« in absehbarer Zeit abnehmen wird. Dennoch sind reine »Weg von«-Faktoren auf Dauer nicht positiv motivierend. Denn es gilt nun mal: Je größer der Druck, desto bissiger der Schweinehund. Man mag ihn vielleicht eine Zeit lang damit in Schach halten, doch früher oder später bricht er vermutlich wieder aus. Insbesondere, wenn man sich an die negativen Begleiterscheinungen des Klimawandels immer mehr gewöhnt.

- Und auch »Karotten« verlieren mit der Zeit ihre Motivationskraft. Bis zu einem gewissen Grad kann man zwar versuchen, »Karotten nachzulegen«, doch irgendwann ist der Esel satt! – Einhellig haben Untersuchungen in der Wirtschaft ergeben, dass die Arbeitsmentalität träger und demotivierter Verkäufer oder Firmenvertreter durch noch so durchdachte Prämien und Zusatzprovisionen nicht nachhaltig verbessert werden kann. Und wer nur des Geldes wegen arbeitet, wird wenig Spaß und Erfüllung im Job finden und versuchen, das tagsüber »versäumte« Leben nach Dienstschluss nachzuholen. Das wäre beim Thema Nachhaltigkeit der Fall, wenn jemand nur deswegen nachhaltiger leben würde, um vordergründig Geld zu sparen, dafür gelobt zu werden, als Unternehmer ein besseres Ansehen bei seinen Kunden zu erreichen oder staatliche Zuschüsse zu erlangen – und nicht, weil es einem um die Sache selbst geht, um den Klimaschutz oder um einen Beitrag zur Erhaltung unseres Lebensraumes … und für die Kinder und Enkelkinder.

Deswegen besteht unter Motivationspsychologen die einhellige Ansicht:

Druck und Belohnungen alleine haben auf Dauer keine wirkliche Motivationskraft.

Allerdings lässt sich der gedankliche Ansatz dieser beiden Motivationsinstrumente zu einer *Doppelstrategie* kombinieren und man kann sie nutzen, um den inneren Schweinehund gewissermaßen in die Zange zu nehmen. Bei richtiger Dosierung lässt er sich davon oft sogar überzeugen.

Den Schweinehund in die Zange nehmen

In seinem Buch *Descartes' Irrtum* beschäftigt sich Antonio R. Damasio intensiv mit der Arbeitsweise des menschlichen Gehirns und den Faktoren, die unsere Entscheidungen maßgeblich beeinflussen. Nach den Forschungsergebnissen der vergangenen Jahrzehnte, so berichtet er, spielen Schmerz und Lust die entscheidende Rolle bei der Auswahl unserer Strategien. Das interne »Präferenzsystem« des Menschen verfolgt in erster Linie zwei Ziele: *Schmerzen zu vermeiden* und *potenzielle Lust zu suchen*.

Dieses »Pleasure & Pain«-Prinzip, wie es amerikanische Motivationspsychologen nennen, wird auch als »bipolares Antriebssystem« bezeichnet.[40] Damit versucht zum Beispiel auch die Werbung uns von morgens bis abends zu manipulieren. Denn die Grundstruktur effizienter Werbung ist darauf aus, uns in die Zange zu nehmen: »Wie schlimm ist dein Leben ohne unser Produkt, und wie gut geht es dir mit den Vorteilen, die wir dir bieten ...« – Und diese Methode ist deswegen so effizient, weil sie genauso arbeitet wie unser Gehirn. Wenn wir motiviert sind, etwas regelmäßig zu tun, fühlen wir uns auch nur gut, wenn wir es tun und wir fühlen uns in der Regel schlecht, wenn wir es nicht tun. Unser Gehirn ist so programmiert, dass wir ständig Lust suchen und Unlust (Schmerz) vermeiden wollen. Ja es tut sogar mehr, um Schmerz zu vermeiden, als um Lust und Vergnügen zu gewinnen.

Zwei Dinge sind also erforderlich, um Ihren Schweinehund liebevoll, aber wirksam in die Zange zu nehmen:

- Führen Sie sich die **Nachteile** deutlich vor Augen, die eintreten werden, wenn Sie inaktiv bleiben und nicht handeln. In Sachen

Tägliches Ringen mit dem inneren
Schweinehund hält fit

Nachhaltigkeit würde das bedeuten, sich nicht nur der gravierenden Nachteile des fortschreitenden Klimawandels bis zum Kollaps bewusst zu werden, sondern auch, wie Sie sich persönlich fühlen würden, wenn Sie weiterhin untätig bleiben, ohne zu versuchen, Ihren so wichtigen Beitrag zu leisten. Nach dem Motto: Viele tun etwas, nur Sie stecken den Kopf in den Sand. Wie ginge es Ihnen damit und Ihrem Gewissen? Was würden Ihre Kinder und Enkelkinder, Ihre Freunde und sozialen Kontakte über Sie denken? Entschuldigung, ich weiß, das war jetzt die moralische Daumenschraube … Doch die ist (manchmal) auch erlaubt, um den Schweinehund in die Zange zu nehmen.

- Und stellen Sie sich vor, welchen **Gewinn** es Ihnen und Ihrem Leben bringen würde, wenn Sie in immer mehr Bereichen nachhaltiger leben und täglich (im Rahmen des Ihnen möglichen) kleine Beiträge leisten, um zu einer ökologischeren und lebenswerteren Welt beizutragen. Wie Sie sich damit fühlen würden und auch Ihre Bezugspersonen Sie sehen würden. Ja, auch diese Karotten sind bei der Doppelstrategie zulässig.

Unter diesem Aspekt kann sich dann Ihr Schweinehund die Frage stellen, was letztlich das kleinere Übel ist: ein nachhaltiges Leben zu führen oder es nicht zu tun. Lassen Sie ihm ruhig Zeit einzusehen, was unangenehmer ist. Angenehm oder unangenehm, das ist hier die Frage (pleasure or pain), denn die Erhaltung unseres Wohlgefühls ist vermutlich sein Hauptanliegen. Und auch wenn sich selbst der harmloseste Schweinehund auf Dauer nicht in die Zange nehmen lassen wird: für den Start kann dieser bipolare Ansatz durchaus hilfreich sein. Außerdem bekommt er im Folgenden noch weitere (intrinsisch wirkende) Argumente und vor allem Hilfestellungen, wie man sein Leben Schritt für Schritt verändern kann (ohne sich zu verbiegen) und wie man auf Dauer ein nachhaltiges Leben durchhalten kann.

Und womit kann man ihn auch noch überzeugen?
Es geht um die drei wohl wichtigsten menschlichen Motivationsfaktoren: Sinnhaftigkeit – Verbundenheit – Anerkennung.

Nachhaltigkeit ergibt Sinn und gibt Sinn

Vielleicht sind Ihnen schon einmal die »Drei Steinmetze« begegnet – eine Geschichte, die in Büchern rund um das Thema Management und Beruf häufig auftaucht. Ganz kurz geht sie so:

Ein Wanderer kommt im Mittelalter zu einem Steinbruch. Drei Stein-
metze sind dort bei der Arbeit. Der erste klopft verdrossen auf einen
Steinklotz ein. Auf die Frage, was er denn da mache, antwortet er
mürrisch: »Das siehst du doch, ich klopfe Steine – ich verdiene meinen
Lebensunterhalt.« Der zweite, der schon wesentlich engagierter bei der
Sache ist, erklärt auf die gleiche Frage des Wanderers stolz: »Ich behaue
ein Kapitell – und das kann ich wirklich gut. Ich bin hier einer der besten
Steinmetze weit und breit.« Ein Stück weiter entfernt ist ein dritter Stein-
metz so in seine Arbeit versunken, dass unser Wanderer sich kaum traut,
ihn zu stören. Als er jedoch eine Pause einlegt, stellt er ihm dieselbe
Frage, woraufhin dieser mit leuchtenden Augen antwortet: »Ich wirke
hier mit an der Errichtung einer großen Kathedrale!«

Dreimal die gleiche Tätigkeit, aber drei völlig unterschiedliche Einstellungen dazu:

- Für den ersten ist seine Arbeit lediglich eine Einnahmequelle. Der Job als **bloßes Mittel um Geld zu verdienen**.
- Der zweite verdient auch sein Geld, aber zusätzlich will er Leistung bringen und einer der Besten sein. Der Job als **Betätigungsfeld für den persönlichen Erfolg**.
- Der dritte verdient auch sein Geld und bringt auch gute Leistung, aber darüber hinaus wird er durch die Vision motiviert, an einer großen Sache mitzuwirken. Ihn bewegt der **Sinn seiner Arbeit als Beitrag zu etwas »Größerem«,** das über sein persönliches Leben hinausgeht.

Die Moral von der Geschicht' liegt auf der Hand: Der dritte, der einen größeren Sinn in seiner Arbeit sieht, ist am stärksten motiviert und daher am engagiertesten und mit ganzem Herzen bei seiner Arbeit.

Denn für ihn sind letztlich nicht der Verdienst oder der Erfolg das Wichtigste, sondern der Sinn, sein Beitrag zur »Kathedrale«. Ein Ergebnis, das sich mit den Erkenntnissen des großen Wiener Psychologen und Neurologen Viktor Frankl (1905–1997) deckt, dessen Forschungen unser »existenzielles Bedürfnis nach Sinn im Leben und in der Arbeit« zum Thema hatten. Frankl war überzeugt: Das Sinnbedürfnis ist das tiefste aller menschlichen Bedürfnisse. Und so kann man auch in der Arbeitswelt immer wieder feststellen, dass der Sinn, den Menschen in ihrer Arbeit sehen, maßgeblich darüber mitentscheidet, wie sehr sie sich mit ihrem Job identifizieren. Unterschiedlichste Forschungen haben ergeben, dass diejenigen am motiviertesten waren, die von der Nützlichkeit ihrer Arbeit und ihres Einsatzes für das Wohl der Menschheit überzeugt waren, indem sie dazu beitrugen, das Leben von Menschen zu verlängern oder zu verbessern oder eben die Umwelt und das Weltklima zu retten. Daher auch die hohe Motivation aller Klimaaktivisten – und zwar völlig unabhängig von der Entlohnung –, denn die meisten von ihnen engagieren sich ehrenamtlich. Die Entlohnung ist im Sinn ihrer Tätigkeit mit enthalten.

Und so lässt sich die interessante Tatsache feststellen, dass der Sinn, der mit einer Tätigkeit verbunden ist, in einem oft reziproken Verhältnis zur damit verbundenen Vergütung steht. Mit anderen Worten: Je größer der Sinn, desto geringer ist eigenartigerweise in vielen Fällen die Entlohnung. So sind etliche Menschen gerne bereit, sich für wenig Geld in sozialen oder ökologischen Berufen zu engagieren: in Pflegediensten, im Umweltschutz, in der Entwicklungshilfe. Ob bei Greenpeace, Amnesty International, Ärzte ohne Grenzen und den unzähligen vergleichbaren Institutionen, die viel »Sinn« ergeben, indem sie dazu beitragen, einige der vielen Missstände auf dieser Erde zu lindern, und sich engagieren, damit es den Menschen in irgendeinem Bereich etwas besser geht; kaum einer wird diese Arbeit aus finanziellen Gründen übernommen haben. Im Gegenteil, die meisten müssen sich mit einer sehr geringen Entlohnung begnügen; etliche tun ihren Job sogar ehrenamtlich. Wie schon gesagt, hier kompensiert gewissermaßen der Sinnfaktor die geringe Bezahlung.

All das mag mit einer der Gründe sein, dass sich auch immer mehr große und mittelständische Unternehmen »Nachhaltigkeit« auf die Fahnen schreiben oder sich für soziale Projekte engagieren. »Corporate Social Responsibility« (CSR) heißt der neue Trend und »Corporate Giving« und »Corporate Volunteering« stehen ebenso hoch im Kurs. Nicht zuletzt aufgrund dieses tiefen Sinnbedürfnisses der Menschen sind die Themen »soziale Verantwortung« und »Nachhaltigkeit« mittlerweile in den Unternehmen angekommen. Und eben nicht nur aus Imagegründen oder um die Nachfrage ökologisch präsentierter Produkte zu steigern, sondern weil Sinnhaftigkeit der »Zünd- und Brennstoff« echter, innerer Motivation ist!

Daher ist es gut möglich, dass auch ihr innerer Schweinehund sich leichter zu einem nachhaltigen Leben bewegen lässt, wenn er dessen Sinn erkennt. Wenn Sie selber das Gefühl haben, mit Ihrem Verhalten einen kleinen sinnvollen Beitrag zur Erhaltung der Umwelt und zur Verhinderung des Klimawandels zu leisten, dann wird auch er sich wohler fühlen und bereitwilliger mitmachen.

Voraussetzung dafür ist es natürlich, dass sie selber auch den Sinn eines nachhaltigen Lebens erkennen. Doch es gibt noch einen weiteren Motivationsfaktor: das Gemeinschaftsgefühl, mit anderen an einem Strang zu ziehen.

Nachhaltiges Handeln verbindet

Gemeinsames Handeln und Erleben verbindet uns mit anderen. Im Augenblick selbst wie auch für die Zukunft. Zu Menschen, mit denen wir etwas gemeinsam erlebt, genossen, erkämpft oder auch durchlitten haben, entsteht eine innere Verbundenheit. Sei dies nun eine gemeinsame Reise, eine Schicksalsgemeinschaft, ein Wettkampf oder eine gemeinsame Arbeit an einer Aufgabe oder der Kampf gegen eine Bedrohung. Das Teilhaben und Teilnehmen an einem bestimmten Vorhaben schaffen eine Verbindung zwischen Menschen jenseits der kognitiven Wahrnehmung – selbst wenn es sich nicht um Gleichgesinnte handelt. Bei allem, was Menschen mit anderen gemeinsam tun, kann eine gleiche Schwingung entstehen. Diese Resonanz mit anderen entsteht dabei unabhängig von einer gemeinsamen Wellenlänge oder gleichen Interessen, sie entsteht aus dem gemeinsamen Tun heraus, das die Teilnehmer verbindet. Sei es bei einer Demo am gleichen Ort oder auch indem viele Einzelne an unterschiedlichen Orten das Gleiche tun oder an einem gemeinsamen Ziel mitwirken. Kaum zu vergessen sind die Bilder, die um die Welt gingen, wie sich in der Zeit des Lockdown in der Corona-Krise im Frühjahr 2020 viele Menschen zu gemeinsamen Gesängen digital vernetzt und verbunden haben.

Gemeinsames Handeln befriedigt unser Urbedürfnis nach Zugehörigkeit und Geborgenheit. Der Mensch hat ein tiefes im limbischen System verankertes Bedürfnis, mit anderen verbunden zu sein, gewissermaßen einen »sozialen Instinkt«. Gerade in der heutigen Gesellschaftsstruktur, in der die Einbindung in einen größeren Familienverband oder in eine Dorfgemeinschaft immer seltener wird, in der Ego- und Ellenbogenmentalität zunehmend um sich greifen, wird das Bedürfnis nach Geborgenheit und zwischenmenschlicher Bindung immer größer.

So wie Einsamkeit und Ausgrenzung auf das Gemüt schlagen, Stresshormone im Körper steigern und das Leistungsvermögen beeinträchtigen, verbessern Zugehörigkeit und Geborgenheit die seelische Verfassung, die Immunabwehr und unsere mentale Kapazität. Diese Zugehörigkeit kann man am Arbeitsplatz finden, indem man eingebunden in ein Team eine gemeinsame Aufgabe löst oder an einem Projekt mitarbeitet, genauso wie in seiner Freizeit bei Aktivitäten mit Gleichgesinnten, sei es im Ruder- oder Tanzsportverein, sei es im Kirchenchor oder im Umweltschutzverband. Sich mit anderen auf einer Demo gegen den Klimawandel oder durch gemeinsame Arbeit an einem Baumaufforstungsprojekt zu engagieren, schafft dieses starke Verbundenheitsgefühl. Man wird Teil einer Gemeinschaft, die etwas Gemeinsames bewirkt.

Nicht zuletzt schweißt Kooperation zusammen, insbesondere, wenn es gegen einen gemeinsamen Gegner geht. Dann sind Menschen sogar in der Lage, persönliche Rivalitäten und Abneigungen hintanzustellen. Dies illustriert ein bekanntes Experiment des türkisch-amerikanischen Sozialpsychologen Muzafer Sherif.[41]

Eine Gruppe von elf- und zwölfjährigen Jungen fuhr zusammen in ein Zeltlager. Dort wurden sie auf zwei verschiedene Blockhäuser aufgeteilt. Bald begannen sie sich zu hänseln und zu ärgern. Mit der Zeit spielten sich in jeder der Gruppen rüpelige Wortführer nach vorn und der Ton verschärfte sich. Kein Gruppengespräch, kein Treffen zwischen einzelnen Bewohnern der beiden Häuser konnte an dieser Feindschaft etwas ändern. Doch alles änderte sich, als ein Problem auftrat, das nur durch die Zusammenarbeit beider Gruppen zu lösen war. Der Lastwagen mit der Essenslieferung blieb im Schlamm stecken und konnte nur mit vereinten Kräften wieder aus dem Dreck gezogen werden. Danach entschieden sich überraschenderweise alle Jungen dafür, gemeinsam in einem Bus nach Hause zu fahren.

Eine gemeinsame Notlage hilft viel, Zusammenarbeit zu fördern. Und der Klimawandel ist nun mal eine große gemeinsame Notlage. Er hätte das Potenzial, nicht nur im eigenen Land einander fremde Menschen zu verbinden, sondern weltweit, und die Hoffnung wäre, dass sich sogar politische Führungen verfeindeter Staaten gegen die Gefahren des Klimakollapses solidarisieren und an einem Strang ziehen – wie die Jungen, die den Lastwagen gemeinsam aus dem Dreck gezogen haben. Doch das ist ja nur eine Hoffnung. Real ist dagegen das Verbundenheitsgefühl, das Sie (und Ihr innerer Schweinehund) erleben können, wenn sie sich gemeinsam mit vielen anderen durch nachhaltiges Verhalten gegen die aktuelle Bedrohung für das Klima engagieren. Und schließlich könnten Sie noch ein weiteres Motivationsargument zur Überzeugung Ihres inneren Schweinehundes vortragen: den nicht unerheblichen Faktor der Anerkennung und Wertschätzung.

Nachhaltigkeit bringt Anerkennung

Menschen benötigen Wertschätzung und Anerkennung. Das beginnt schon in der Kindheit, wenn wir von Vater und Mutter Aufmerksamkeit wollen und für das, was wir getan haben, Lob und Applaus erwarten. Später im Leben tauschen wir dann Papa und Mama gegen Lehrer, Chefs und Vorgesetzte, die, wenn sie klug sind, mit Anerkennung nicht geizen. Zumal Arbeitswissenschaftler festgestellt haben, dass für viele Menschen die Wertschätzung und Anerkennung für ihre Leistung manchmal wichtiger ist als die Höhe des Gehaltes. Leider wird das Thema in vielen Unternehmen eher nach dem Motto gehandhabt: »Wenn ich nix sag, passt es schon« oder wie es im Schwabenland heißt: »Net gschimpft is gnug globt«. – Nun kann Anerkennung allerdings auf unterschiedliche Weise erfolgen: von oben, von außen und von innen.

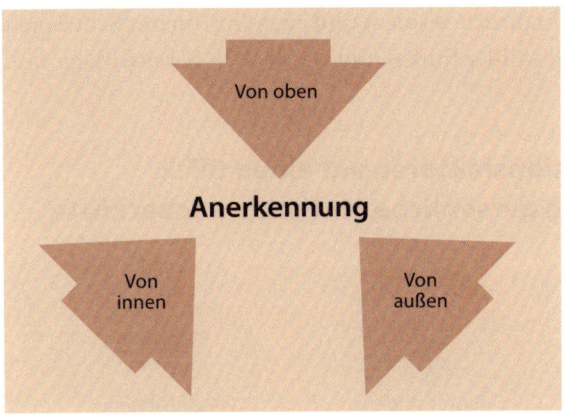

Die Anerkennung »*von oben*« entspricht der schon dargestellten: von den Eltern, Lehrern oder Vorgesetzten. Diese kommt hinsichtlich nachhaltigen Verhaltens kaum in Betracht, es sei denn, die Eltern loben ihre Kinder, wenn sie entsprechend handeln oder es wird in einem Unternehmen wertgeschätzt, wenn die Angestellten mit dem Rad statt mit dem Auto zur Arbeit fahren, wenn sie im Unternehmen Müll trennen, Energie sparen oder gar ein umweltfreundliches Auto fahren.

»*Von außen*« kann nachhaltiges Verhalten bei Familienangehörigen, im Freundeskreis, bei Arbeitskollegen oder möglicherweise auch in der Nachbarschaft auf Anerkennung oder gar Bewunderung stoßen (und sogar durch Vorbildfunktion auf diese einen positiven Einfluss zu einem eigenen nachhaltigeren Leben ausüben). Dennoch sollte der Eindruck auf andere und die von ihnen erhoffte Wertschätzung nicht das entscheidende Motiv zu mehr Nachhaltigkeit sein. Doch wenn es mithelfen kann, Ihren inneren Schweinehund zu motivieren: »Sei's drum!« Dann können sie diesen »Kollateralvorteil« gerne billigend mit in Kauf nehmen.

Die eigentliche, wichtigste und maßgebliche Anerkennung ist allerdings die *»von innen«,* die Sie sich selber geben können, weil Sie einfach wissen, dass Sie mit Ihrem Verhalten einen Beitrag zur Erhaltung des Planeten und zur Begrenzung des Klimawandels leisten (mag dieser Beitrag auch noch so klein sein, das spielt für Ihr Bewusstsein mitzuwirken keine Rolle). Und diese Anerkennung können Sie sich – bei aller Bescheidenheit – guten Gewissens gewähren und gönnen! Sie haben sie wahrlich verdient und auch Ihr innerer Schweinehund wird sich damit wohler fühlen und womöglich bereitwilliger mitmachen.

Motivationsfaktoren auf einen Blick und Ihre persönliche Motivatorenchecklist

Checkliste: So wirken die Motivatoren bei mir			
	stark	mittel	gering
Druck und Belohnung (Kita und Karotte)			
Den Schweinehund in die Zange nehmen			
Sinnhaftigkeit			
Gemeinschaftsgefühl			
Anerkennung von oben			
Anerkennung von außen			
Anerkennung von innen			

2.
Was tun? – Die fünf Ritter
der Nachhaltigkeit

Etwa vor einem Jahr – ich hatte gerade begonnen, an diesem Buch zu schreiben – war ich bei Freunden zum Abendessen eingeladen und wir sprachen über nachhaltiges Leben und was man selber dafür tun könne. Die neunjährige Tochter Julia war sehr aufmerksam mit dabei und sagte plötzlich strahlend: »Ja klar, das sind die vier Ritter der Nachhaltigkeit«. Erstaunt hielt ich inne und fragte nach, denn ich hatte davon noch nie gehört, obwohl ich mich mit der Thematik schon länger intensiv beschäftigte. Voller Stolz erläuterte sie, das sei das Bild, das sie in ihrer Klasse hätten, was man für die Umwelt tun könne (die vier Ritter als Handlungsoptionen, die jeweils im Englischen mit einem »R« beginnen): *refuse – reduce – reuse – recycle*. Also Ablehnen – Reduzieren – Wiederverwenden – Recyceln. Plastikstrohhalme ablehnen, Fleischkonsum reduzieren, Einkaufstüten wiederverwenden und Müll trennen und recyceln. Wahrlich eine schöne Metapher, sich dies als die Ritter der Nachhaltigkeit vorzustellen und zu merken!

Die würde ich sehr gerne in meinem Buch verwenden, sagte ich zu Julias Freude. Im Laufe der weiteren Unterhaltung fanden wir, dass es eigentlich fünf Ritter seien, denn wenn keiner der ersten vier möglich war, so gab es doch noch eine fünfte Möglichkeit, den Umweltschaden zu kompensieren, wie zum Beispiel durch die Zahlung einer Klimagasabgabe an die Klimaschutzorganisation Atmosfair. Das fünfte R oder der fünfte Ritter steht also für *repair*, den Schaden reparieren oder beheben.

Und diese fünf Ritter sind auch für den inneren Schweinehund leicht verständlich und einsetzbar. Einfacher kann man Nachhaltigkeit kaum in eine praktische Formel bringen und bildhaft darstellen.

Zusammen mit den fünf Rittern kann
auch dem inneren Schweinehund ein
nachhaltiges Leben gelingen

Also auf in den Kampf für die Umwelt mit den fünf Rittern der Nachhaltigkeit!

Der erste Ritter: REFUSE

Viele Sachen oder Handlungen kann man einfach ablehnen:

- Keine Plastiktüten mehr als Einkaufstaschen verwenden
- Keine Plastikstrohhalme mehr einsetzten
- Kein Fleisch mehr essen
- Keine Kosmetika mit Palmöl kaufen
- Keinen Wagen mit einem Diesel- oder Benzinmotor mehr fahren
- Keine exotischen Früchte mehr kaufen, die vom anderen Ende der Welt hertransportiert wurden
- Keine Inlandsflüge mehr vornehmen, sondern mit der Bahn fahren
- Und so weiter …

Also alle umweltschonenden Vorsätze nach dem Motto: »Ich werde von nun an nicht mehr oder nie mehr … «

Der zweite Ritter: REDUCE

Manche Dinge lassen sich nun mal nicht vermeiden, aber dennoch kann ich versuchen, ihre Häufigkeit zu reduzieren:

- Das Auto seltener nutzen (und stattdessen häufiger mit dem Rad fahren).
- Den Wasser- und Stromverbrauch im Haus reduzieren, also sparen.
- Wenn ich Flugreisen (zum Beispiel aus beruflichen Gründen) nicht ganz vermeiden kann, so kann ich doch ihre Anzahl vermindern und häufiger auf die Bahn wechseln.
- Wer auf Fleisch nicht ganz verzichten will, kann dennoch versuchen, es seltener zu essen und auch mal Alternativen aus Tofu oder der veganen Küche auszuprobieren.

- Auf den Internetgebrauch kann kaum einer noch verzichten, aber man kann das Versenden von Fotos und Filmen per WhatsApp reduzieren ebenso wie den Einsatz von E-Mails.

Hierfür gilt dann zwar nicht »Weniger ist mehr«, aber immerhin: »Weniger ist besser … und nachhaltiger.«

Der dritte Ritter: REUSE

Wir leben seit Jahrzehnten in einer Wegwerfgesellschaft und haben uns daran gewöhnt, viele Sachen einfach wegzuschmeißen, sobald sie kaputt oder nicht mehr wie neu sind, und uns dafür neue Produkte zu kaufen. Vieles davon ließe sich aber noch verwenden oder gegebenenfalls reparieren.

- Einkaufstüten lassen sich mehrfach verwenden.
- Handys und Computer lassen sich oft reparieren und weiterbenutzen, ohne jedes Jahr das neueste Modell zu kaufen.
- Was für unsere Großeltern noch selbstverständlich war: viele Kleidungsstücke kann man flicken oder umschneidern (lassen), ohne sich laufend mit der neuesten Mode einzudecken.
- Manche Plastikverpackung kann man zuhause wieder einsetzen, beispielsweise um Lebensmittel im Kühlschrank zu konservieren.
- Und was bei Toilettenpapier nicht geht, kann man doch mit den unzähligen Papierausdrucken machen: die Rückseite für Notizen verwenden.

Auch wenn der innere Schweinehund in uns den Drang haben mag, immer alles schnell wegzuwerfen und durch Neues zu ersetzen, vom Ritter *Reuse* kann auch er lernen, vieles sinnvoll wiederzuverwenden.

Der vierte Ritter: RECYCLE

Wenn Ablehnen, Vermindern und Wiederverwenden nicht möglich sind, bleibt in vielen Fällen doch die Möglichkeit, Müll zu trennen und Gegenstände durch Recyceln dem Wiederverwendungsprozess zuzuführen:

- Papier und Kartonagen lassen sich wiederverwenden.
- Ebenso Glas und Plastik.
- Biomüll kann man gesondert entsorgen.
- Auf den Wertstoffhöfen gibt es getrennte Container für die unterschiedlichsten Materialien.
- Besonders die sogenannte »Cradle to Cradle«-Produktionsweise beruht auf dem Grundprinzip der Wiederverwertbarkeit der Komponenten (mehr dazu auf S. 214).
- Mit Achtsamkeit und Kreativität lassen sich viele neue Möglichkeiten finden, Abfall nicht zu verschwenden, sondern sinnvoll und sogar gewinnbringend zu verwerten.

So könnte man sagen, auch die Blue Economy gehört zur »Gefolgschaft« der Ritters Recycle! (Siehe dazu ausführlicher auf S. 214.) Lassen Sie und Ihr Schweinehund sich inspirieren, vielleicht entdecken Sie selber neue und innovative Wege der Wiederverwertung.

Der fünfte Ritter: REPAIR

Repair ist nicht im Sinne der Reparatur von Sachen gemeint (das gehört in die Domäne des Ritters Reuse), sondern als »Wiedergutmachung« oder *Kompensation* eines nicht vermeidbaren Schadens durch Verursachung von CO_2-Emissionen.

- Flugpassagiere können freiwillig einen von den Emissionen abhängigen Klimaschutzbeitrag leisten, der verwendet wird, um erneuerbare Energien in Ländern auszubauen, wo es diese noch kaum gibt, vor allem in Entwicklungsländern. So wird gewissermaßen als

Wiedergutmachung Kohlendioxid eingespart, das sonst in diesen Ländern durch fossile Energien entstanden wäre.

- Ebenso kann man durch Spenden an entsprechende Organisationen auf der Erde Bäume pflanzen lassen, die wiederum Kohlendioxid in Sauerstoff zurückverwandeln. Damit kann man seinen eigenen, zunächst unvermeidbaren CO_2-Abdruck mittelbar kompensieren.
- Mittlerweile gibt es noch etliche andere Repair-Möglichkeiten (mehr dazu bei den konkreten Tipps in Teil 3 des Buches).

Wie schon gesagt, der fünfte Ritter sollte immer erst zum Einsatz kommen, wenn keiner der anderen vier im Kampf für das Klima und die Umwelt erfolgreich war.

Vielleicht mag sich auch Ihr innerer Schweinehund überzeugen lassen und sich den fünf Rittern anschließen. Damit ihm dies leichter fällt, bekommt er im dritten Teil viele kleine konkrete Tipps, wie er mit Ihnen gemeinsam ein nachhaltiges Leben verwirklichen kann. Doch auch hier könnte er einwenden: Soll das denn wirklich genügen, wenn wir in unserem bescheidenen kleinen Lebensbereich anfangen, mit Hilfe der fünf Ritter für Nachhaltigkeit zu sorgen? Dann erzählen Sie ihm Folgendes:

In einer aus China überlieferten Geschichte ist das gesamte Land in Unordnung und Chaos geraten. Der Herrscher bekommt die Lage nicht mehr in den Griff. Er sieht schließlich keinen anderen Ausweg, als nach dem Weisen Lao Chi zu senden, der zurückgezogen im Gebirge lebt, um ihn um Hilfe zu bitten. Lao macht sich sofort auf den Weg und erreicht nach einigen Tagen die Hauptstadt, wo er von einer Delegation des Herrschers prunkvoll empfangen wird. Doch Lao interessiert sich nicht besonders dafür, sondern lässt sich unmittelbar zu seiner Unterkunft bringen, einem kleinen Häuschen mit Garten, in dem er verschwindet und nicht mehr auftaucht. Jeden Morgen kommt die Delegation des Herrschers wieder, um ihn abzuholen, doch vergeblich, der weise Lao Chi lässt sich nicht blicken. Schließlich kommt der Herrscher selbst, und auf sein Klopfen öffnet Lao die Türe und schaut ihn fragend an, was er denn wolle und warum er ihn störe. Als ihm der Herrscher fast verzweifelt erklärt, das ganze Land sei in Unordnung und sie bräuchten dringend seine Hilfe und seinen Rat, warum er denn nicht komme, ihnen zu helfen? – Lao lächelt und erwidert: »Ich habe schon längst begonnen. Ich habe das Haus und den Garten aufgeräumt. Tut das gleiche: Bringt Eure Häuser in Ordnung, dann kommt die Stadt in Ordnung. Kommen die Städte in Ordnung, so kommen auch die Regionen in Ordnung. Und kommen die Regionen in Ordnung, so kommt das ganze Land wieder in Ordnung«. Sprach's, wandte sich um und verschwand wieder im Haus.

Die Weisheit des alten Chinesen auf den Punkt gebracht: »Bringt Euer eigenes Leben in Ordnung, so kommen auch das Land und die Erde in Ordnung«. In Bezug auf Nachhaltigkeit bedeutet dies: »Beginne in kleinen Schritten mit einem nachhaltigen Leben, dann trägst du dazu bei, dass auch dein Land mit Nachhaltigkeit für die Rettung des Planeten beiträgt.« Mit anderen Worten: Fangen Sie bei sich in Ihrem Lebensbereich mit kleinen nachhaltigen Maßnahmen an, gemeinsam mit den Rittern Refuse, Reuse, Reduce, Recycle und Repair. Viel mehr können und brauchen Sie auch nicht zu tun!

AUF EINEN BLICK

Nachhaltigkeit ist möglich! Einige der wichtigsten und Mut machenden Thesen dieses Buches

- Es ist höchste Zeit!
- Aber es ist noch nicht zu spät!
- Es lohnt sich und macht Sinn!
- Jeder Einzelne zählt!
- Sie sind nicht alleine!
- Jeder einzelne Beitrag zählt!
- Sie tun es für sich … für andere … und für den Planeten!

Was können Sie tun?

- Sich nachhaltig **informieren**.
- Im Alltag nachhaltig **leben**. (Mit den fünf Rittern: refuse, reuse, reduce, recycle, repair)
- Nachhaltig **investieren**.
- Nachhaltig **wählen**.
- Sich nachhaltig **engagieren**. (In der Presse, in Büchern, im Internet, auf Demos und mit Aktionen)
- Beruflich nachhaltig **mitwirken**. (Zum Beispiel als Unternehmer, Forscher oder Politiker)
- Andere nachhaltig **motivieren**. (Familie, Freunde, Netzwerk etc.)

3.
Damit der innere Schweinehund mitmacht – Nachhaltige Tipps zur Umsetzung

Jetzt wissen Sie, *was* Sie machen können. Doch *wie* können Sie es in Ihrem Alltag so umsetzen, dass auch Ihr innerer Schweinehund mitmacht? Er mag mittlerweile noch so überzeugt und grundsätzlich noch so motiviert sein, entscheidend ist nun, dass Sie bei der Umsetzung im Alltag richtig vorgehen, denn nur so wird auch diese nachhaltig sein.

Dafür brauchen Sie:

1. eine leuchtende Zielvorstellung,
2. machbare Einzelschritte,
3. die Beachtung der Prinzipien dauerhafter Verhaltensänderungen und
4. gegebenenfalls noch weitere Umsetzungshilfen.

Mit leuchtendem Zielbild und innerem Film

Alles, was Sie in Ihrem Leben verwirklichen wollen, beginnt immer mit einer klaren Vorstellung davon: mit einem leuchtenden Zielbild und wenn möglich mit einem inneren Film, *wie* Sie es in Ihrem Alltag umsetzten werden. Unser Gehirn (und ebenso unser innerer Schweinehund) ist für rein verbal formulierte Vorsätze nur gering empfänglich, sie machen einfach keinen bleibenden Eindruck … und lösen sich sehr schnell wieder in Wohlgefallen auf. Bilder hingegen haben auf unser Gehirn eine zehn- bis hundertfach stärkere Wirkung als Worte, Zahlen oder Formulierungen. Das kann man zwar nicht sinnlich spüren, wohl aber molekularbiologisch nachweisen. Wenn unser Gehirn Bilder verarbeitet, entstehen Eiweißmoleküle, die sehr vereinfacht ausgedrückt gewissermaßen der »Turbostoff« für die Umsetzung von Vorhaben sind. Die Bilder in unseren Köpfen entscheiden über das, was wir in unserem Leben erreichen. Und was unseren inneren Schweinehund betrifft, so gilt:

Je leuchtender Ihr Zielbild, desto schwächer der Widerstand Ihres Schweinehundes.

Und warum ist das so? Wir wissen inzwischen ja, dass Schweinehunde rationalen Überlegungen nur schwer zugänglich sind, sie folgen nicht primär dem Intellekt, sondern den Gefühlen (daher siegen ja im Streit zwischen Intellekt und Gefühl auf Dauer meist die Gefühle). Und: Innere Bilder erzeugen Gefühle. Je strahlender Ihr Zielbild, desto positiver werden die Emotionen sein, die Sie damit verbinden – und desto stärker auch die Wirkung auf Sie und Ihren Schweinehund! Bedenken Sie also: Schweinehunde lassen sich eher durch bunte und leuchtende Bilder überzeugen als durch rationale Argumente!

Je kraftvoller Ihr Zielbild ist, umso größer ist auch die Wahrscheinlichkeit, dass es Wirklichkeit wird!

Zu Beginn der Computerentwicklung war der Schritt zur sogenannten WYSIWYG-Technik ein großer Durchbruch. WYSIWYG steht für: »What you see is what you get« und bedeutet, dass Sie das (ausgedruckt) bekommen, was Sie (am Bildschirm) sehen. Heute eine Selbstverständlichkeit, damals ein großer Fortschritt! Mit unserem Gehirn ist es ähnlich: Auch hier gilt WYSIWYG. Was Sie (vor Ihrem geistigen Auge) sehen, ist das, was Sie (in Ihrem Leben) erhalten. Ihre inneren Bilder bestimmen Ihre Gefühle und dadurch auch das Ergebnis Ihrer Bemühungen. Nehmen Sie die Gefühle vorweg und nutzen Sie sie als Schubkraft für Ihre Motivation!

Doch gehen Sie am besten noch einen Schritt weiter: Malen Sie sich nicht nur ein leuchtendes Zielbild aus, sondern »drehen« Sie zusätzlich einen inneren Film, und zwar darüber, wie Sie Ihr Ziel erreichen und was Sie alles im Einzelnen tun werden. Je detaillierter der Film, umso besser!

Haben Sie mal beobachtet, wie sich Slalomfahrer auf ihr Skirennen vorbereiten? Sie gehen langsam und konzentriert die gesteckten Slalomtore entlang. Dann stellen sie sich in ihrem »Gehirnkino« als inneren Film vor, wie sie diesen Hang durch die Tore hinunterfahren. Immer und immer wieder! Und wenn sie dann an den Start gehen, sind sie das Rennen im Geiste schon unzählige Male gefahren. Ihr komplettes Nervensystem ist darauf programmiert, sie müssen es nur noch körperlich nachvollziehen – und ihr Körper wird nahezu automatisch dem innerlich gespeicherten Film folgen.

Machen Sie es also genauso. Wenn Sie sich entschieden haben, welche konkreten Maßnahmen Sie ergreifen wollen, um nachhaltiger zu leben, beim Einkauf, beim Essen, bei der Fortbewegung, bei der Mülltrennung und so weiter, dann drehen Sie sich innere Filme, wie Sie das im Alltag umsetzen werden. Stellen Sie sich genau vor, wie Sie in Zukunft zum Einkaufen Ihre eigenen Einkaufsbeutel mitnehmen werden, wie Sie mit dem Rad statt mit dem Auto zur Arbeit fahren werden, wie Sie Ihren Müll trennen werden und … und … und. Lauter farbige innere Filme. Denn nur dann kann Ihre Vorstellung auch Wirklichkeit werden. Nur dann wird Ihr kleiner Saboteur bereit sein mitzumachen – vorausgesetzt, es erscheint ihm machbar und überfordert ihn nicht.

Das Prinzip der Machbarkeit

Haben Sie sich noch nie gefragt, was dazu führt, dass Zigtausende Tennisspieler, Fußballer, Surfer, Bergsteigen, Schachspieler oder Musiker so viel Zeit und Geld investieren, um ihren Hobbys hoch motiviert nachzugehen? Ganz einfach, werden Sie vielleicht antworten, es macht halt Spaß! Richtig, was aber genau den Spaß bewirkt, hat die Motivationspsychologen seit langem immer wieder beschäftigt. Und vor allem einer hat sich dieser Frage besonders gewidmet: Mihaly Csikszentmihalyi, Autor des Buchs *Flow – Das Geheimnis des Glücks*. Er scheint den Schlüssel zur Beantwortung dieser Frage gefunden zu haben und er kommt zu dem zunächst vielleicht verblüffenden Ergebnis: Einer der maßgeblichen Faktoren, um Spaß an einer Sache zu haben, ist die Herausforderung! Entscheidend ist dabei allerdings noch ein zweiter Faktor: Die konkrete Herausforderung muss mit den eigenen Fähigkeiten in Balance sein. Sonst kann die Sache übel ausgehen.

Was ist damit gemeint? Drei Szenarien, die hier mittels einer »mathematischen« Gleichung dargestellt werden sollen, sind vorstellbar:

1. Herausforderung > Fähigkeiten = Überforderung = Frust und Stress
2. Herausforderung < Fähigkeiten = Unterforderung = Langeweile
3. Herausforderung = Fähigkeiten = Spaß, Spannung = Flow

Ein Beispiel für den ersten Fall

Ein Windsurfer ist in einer Bucht bei etwa Windstärke 2 auf dem Surfbrett unterwegs. Die Windstärke ist für seine Surffähigkeiten gerade angemessen, er hat Spaß, ist an dem Tag gut drauf und so surft er in seinem Übermut in rasanter Fahrt aus der Bucht aufs offene Meer hinaus. Dort allerdings weht eine ganz andere Brise von etwa Windstärke 5, sodass es ihn schnell ins Wasser haut, und alle Versuche, das Segel wieder hochzuziehen, fehlschlagen. Während er mit dem Brett immer weiter vom Ufer abgetrieben wird, muss er feststellen, dass er mit seinen Surfkünsten keine Chance hat: Die Herausforderung ist im Verhältnis zu seinen Fähigkeiten viel zu groß. Das Ergebnis sind höchster Stress und Angst bis hin zur Panik.

Die Geschichte ist mir übrigens vor vielen Jahren tatsächlich in Griechenland so passiert, doch mit einem guten Ende, da mich ein griechischer Fischer beobachtet und aus dem Wasser gefischt hat. Bis er auftauchte, wurde mein Schweinehund allerdings immer panischer, und fast hätte er mich später nie wieder auf ein Surfbrett gelassen.

Im selben Ferienort gab es allerdings auch wahre Surf-Cracks. Die stellten sich erst bei Windstärke 6 bis 7 aufs Brett. Bei schwachem

Wind unterwegs zu sein hätten sie als langweilig empfunden, weil die Herausforderung dann im Verhältnis zu ihren Fähigkeiten viel zu gering gewesen wäre.

Und noch ein Beispiel

Als Tennisspieler hätten Sie vermutlich den meisten Spaß mit jemandem, der etwa gleich gut ist wie Sie, allenfalls noch eine Spur besser, sodass mal der eine, mal der andere gewinnt und das Spielen immer wieder spannend ist. Wären Sie wesentlich schlechter, würde Sie das wahrscheinlich auf Dauer stressen und frustrieren (es sei denn, Ihr Gegenüber spielt Ihnen zuliebe auf Ihrem Niveau). Wären Sie dagegen um Klassen besser, so wäre Langeweile programmiert. Und damit Sie die Lust am Tennis nicht verlieren, müssten Sie sich bald einen anderen Partner suchen!

Das heißt also: Nur wenn die Herausforderung den eigenen Fähigkeiten entspricht, entsteht der Spaß an der Sache. Dann kommen wir an unsere Grenzen, allerdings ohne überfordert zu werden, und können die prickelnde Spannung erleben, die Csikszentmihalyi »Flow« nennt.

Überforderung und Unterforderung sind die größten Motivationskiller in unserem Leben!

Und das gilt sowohl fürs Bergsteigen, Skifahren, Surfen oder den Beruf (Eine Arbeit, die Sie auf Dauer überfordert oder unterfordert, werden Sie aufgeben – oder Sie gehen vor die (Schweine-)Hunde!) Und es gilt genauso für alles, was Sie sich sonst im Leben vornehmen, wie zum Beispiel, wenn Sie versuchen, Ihr Leben auf Nachhaltigkeit umzustellen.

Bei allem geht es letztlich nicht um noch mehr Disziplin und noch mehr Anstrengung (das Leben ist ja schon anstrengend genug!), sondern darum, einen Weg zu finden, unsere Ziele mit mehr Leichtigkeit und gleichzeitig vielleicht sogar mit mehr Freude zu erreichen – dann hat auch der Schweinehund keinen Anlass mehr, uns zu sabotieren!

Wenn Sie nachhaltiger leben wollen, dann wählen Sie einen (für Sie und Ihren Schweinehund) *machbaren* Weg, in kleinen Schritten! Fordern Sie sich, aber überfordern Sie sich (und ihn) dabei nicht. Wählen Sie aus der Liste der Tipps im dritten Teil des Buches diejenigen aus, die zu Ihrem Leben passen. Und dann fangen Sie erst mal mit der Umsetzung von denjenigen an, die Ihnen am leichtesten fallen. Das kann schon einige erfüllende Erfolgserlebnisse bringen.

Und mit der Zeit gehen Sie weitere Tipps an. Was Ihnen am schwersten fällt, lassen Sie getrost beiseite. Es ist besser, Sie verwirklichen nur 70 oder 80 Prozent, als dass Sie sich völlig überfordern und bald alles wieder hinwerfen und aufgeben – begleitet von seinem Kommentar: »Siehst du, Nachhaltigkeit ist viel zu anstrengend und für uns gar nicht machbar!« Vor allem ist es wichtig, dabei die Prinzipien (oder Geheimnisse) dauerhafter Verhaltensänderungen zu berücksichtigen.

Das Geheimnis dauerhafter Verhaltensänderungen

Dauerhaft eingeschliffene Verhaltensweisen ändern zu wollen, ist oft ein schwieriges Unterfangen. Nur allzu leicht kommt einem da der Schweinehund in die Quere, denn Anstrengungen liegen ihm gar nicht. Wie Sie Ihrem treuen Freund mittels bewährter Strategien erfolgreich »einen Maulkorb verpassen«, erfahren Sie im Folgenden. Doch zunächst die wichtige Frage: Warum fallen eigentlich Verhaltensänderungen vielen Menschen so schwer? Dazu eine Geschichte:

Die Atmosphäre in der kleinen italienischen Trattoria war gut. Die Spaghetti alla Puttanesca waren hervorragend und auch das Gespräch mit ihrem Bruder war sehr harmonisch verlaufe, bis Jürgen die verhängnisvolle Frage stellte: »Was macht denn dein neues nachhaltiges Leben?« – Schlagartig kippte Barbaras Stimmung, ihre Miene verdüsterte sich und sie seufzte frustriert.

Vor einigen Monaten hatte sie im Urlaub ein Buch über den Klimawandel gelesen und ein weiteres mit konkreten Tipps zu einem nachhaltigen Leben und beschlossen, ihr Leben radikal zu verändern. »Wenn man das gelesen hat und weiß, was gerade mit dem Planeten und unserem Klima passiert, dann kann man nicht mehr so weiterleben wie bisher, die Umwelt verseuchen, Fleisch essen, Palmölprodukte kaufen, zur Rodung des südamerikanischen Regenwaldes beitragen und so weiter und so weiter«. Dies musste sich in ihrem Umfeld jeder anhören, ob er nun wollte oder nicht. Sie ging von nun an zu jeder Fridays-for-Future-Demo, verkaufte ihr Auto und stieg aufs Fahrrad und öffentliche Verkehrsmittel um. Sie wurde Veganerin, kaufte nur noch lokal produzierte Lebensmittel, stellte ihre Kosmetik auf Naturprodukte um, mied Palmöl und Plastik, begann konsequent Müll zu trennen, cancelte ihre schon gebuchten Flüge und buchte ihre Urlaube nur noch in Deutschland. Sie war wirklich stolz auf sich und ihr neues Leben in Nachhaltigkeit. – Doch dann schlichen sich die ersten Ausnahmen ein: Statt des Fahrrades nahm sie doch mal aus Bequemlichkeit wieder ein Taxi, hin und wieder kaufte sie doch ein Rindersteak und auch mal ein paar Bratwürste, konnte der Versuchung nicht widerstehen, sich doch einmal wieder eines ihrer alten Lieblingskosmetika zu kaufen (das wenige Palmöl darin falle ja kaum ins Gewicht), und endlich mal wieder eine Woche auf Mallorca werde den Klimawandel nun wahrlich nicht beschleunigen.

Mit resignierter Miene sah Barbara ihren Bruder über ihr Weinglas hinweg an: »Warum nur fällt es uns Menschen so schwer, unser Leben zu verändern? Warum ist es fast unmöglich, von alten Gewohnheiten zu lassen und sich stattdessen ein neues, sinnvolleres oder nachhaltiges Verhalten anzueignen – und auch beizubehalten?«

Diesen und ähnlichen Fragen bin ich in meinen Seminaren und auch in meinem eigenen Leben immer wieder begegnet! Sei es das tägliche Joggen, die gesündere Ernährung, Bücher zu lesen, statt so viel fernzusehen, regelmäßiges Tagebuchschreiben oder mehr Zeit für Familie und Freunde – es scheint einfach nicht zu genügen, dass wir uns klarmachen, wie nützlich und erfreulich eine bestimmte Sache für unser Leben wäre. Und es reicht leider in den meisten Fällen auch nicht, mit großer Begeisterung etwas Neues anzufangen. Viele Menschen geben nach einiger Zeit wieder auf – tatkräftig »unterstützt« von den Tröstungen ihres inneren Schweinehundes, der ihnen eine fantasievolle Auswahl an Ausreden anbietet.

Was die meisten Menschen nicht ausreichend berücksichtigen, ist die Kraft unserer Gewohnheiten, besser gesagt, ihre Widerstandskraft! Dies ist eine ungeheuer starke Kraft, die wir allerdings zumeist nicht bewusst wahrnehmen. Demzufolge neigen wir auch dazu, sie gewaltig zu unterschätzen. Und so erliegen wir ihr immer wieder.

Um damit auf eine andere Weise umgehen zu können, ist es sinnvoll, sich klarzumachen, wie diese Kraft in uns wirkt: Wenn man mit einer neuen Tätigkeit beginnt, ist es häufig so, als würde man gegen den Strom schwimmen, gegen den Strom der vertrauten Gewohnheiten.

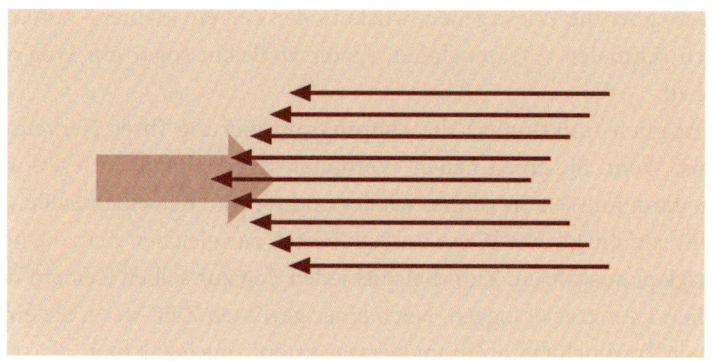

Neues Verhalten, mit dem man zunächst gegen den Strom der alten Gewohnheiten schwimmen muss

Dieses Gegen-den-Strom-schwimmen-Müssen ist äußerst ermüdend. Und so ist es kein Wunder, wenn viele Menschen mehr oder weniger schnell die Flinte ins Korn werfen und aufgeben. Verständlich, aber verhängnisvoll. – Erschöpft, wie wir uns fühlen, schließt uns unser Schweinehund wieder in die Arme.

So, das war die schlechte Nachricht! Aber es gibt auch eine gute: Dieses Problem besteht nur am Anfang und löst sich mit der Zeit in Wohlgefallen auf, ja, besser gesagt, in Wohlgefühl! Denn anders als bei einem Fluss, der seine Richtung nie ändern wird, können wir die Richtung, also den »Lauf unserer Programme« in unserem Nervensystem, ändern. Uns sozusagen umprogrammieren und damit unsere Gewohnheiten verändern. Voraussetzung ist allerdings, dass wir dabei die Gesetzmäßigkeiten und Eigenschaften unseres Nervensystems beachten. Nervensysteme mögen zwar hartnäckig erscheinen, aber sie sind keinesfalls »böswillig«. Sie sind durchaus fähig und willens umzulernen, man muss nur wissen wie!

Stellen Sie sich vor, Sie gehen an einem strahlenden Sommermorgen über eine taufrische Wiese. Nach einer Weile drehen Sie sich um, blicken zurück und sehen die Spur, die Sie im nassen Gras hinterlassen haben. Doch die Wirkung dieser Spur ist nicht von langer Dauer: Schon nach kurzer Zeit wird sich das Gras wieder aufgerichtet haben, und es wird nicht mehr erkennbar sein, wo Sie die Wiese überquert haben. Nur wenn Sie immer wieder und immer auf genau derselben Trasse über die Wiese gehen, wird mit der Zeit ein kleiner – zunächst noch schmaler – Trampelpfad, später vielleicht sogar ein Weg entstehen.

Ähnlich funktioniert die Umprogrammierung Ihres Nervensystems: Wenn Sie einen neuen »Verhaltenstrampelpfad« anlegen wollen, dann müssen Sie immer wieder und stets an derselben Stelle, das heißt, auf die gleiche Weise und am besten zur gleichen Zeit, die neue Tätigkeit ausführen. Zum Beispiel jeden Tag zur selben Zeit auf derselben Laufstrecke joggen. Nach einer gewissen Zeit, wenn Sie einen neuen Trampelpfad in Ihrem Nervensystem angelegt haben, also eine neue Gewohnheit »implementiert« haben, dann schwimmen Sie nicht mehr gegen den Strom, sondern es ist Ihnen gelungen, seine Richtung zu ändern, und Sie schwimmen mit dem Strom der neuen Gewohnheit! Das sieht bildlich so aus:

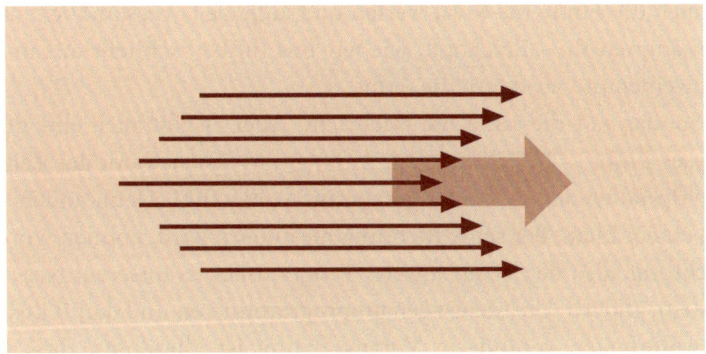

Achtung: Aller Anfang ist schwer – und zwar in doppelter Hinsicht. Zum einen ist das erforderliche Investment am Anfang besonders hoch. Schließlich schwimmen Sie ja noch gegen den Strom Ihrer alten Programmierung – oft ein gewaltiger Kraftakt. Zum anderen kann Ihnen gleichzeitig der Return on Investment (also die momentan spürbare Rendite in »Wohlgefühleinheiten«) noch relativ gering erscheinen. So können am Anfang beim Laufen Fußschmerzen, Atemprobleme und Muskelkater überwiegen, ohne dass Sie merken, was Sie für Ihre Gesundheit und Fitness wirklich tun. Wenn Sie mit dem Fahrrad statt mit dem Auto zur Arbeit fahren, dann mag die Umstellung am Anfang schwierig sein, sie müssen etwas früher losfahren, kommen die ersten Tage vielleicht erschöpft dort an, bei Regen durchnässt, haben bei Dienstschluss noch weniger Lust, wieder in die Pedale zu treten, und Ihr innerer Schweinehund hat gute Karten, Sie schon nach zwei bis drei Wochen von der Unsinnigkeit dieses noch so nachhaltigen Vorhabens zu überzeugen. Aber das ist eben nur der Anfang.

Wenn Sie kontinuierlich weitermachen und am Ball bleiben, dann erreichen Sie bald den »magischen Punkt«, an dem sich das Verhältnis von Investment und Rendite umkehrt! (Jetzt haben Sie sozusagen den Trampelpfad angelegt und eine neue Gewohnheit geschaffen.) Von nun an wird es Sie nicht mehr so viel Selbstüberwindung und Kraft kosten, während der Profit für Ihr Wohlbefinden und Ihre Fitness stetig zunimmt. Jetzt haben Sie einen wirklich guten Return on Investment! Dieser magische Punkt ist dann gewissermaßen der Point of no Return: Jetzt wird es immer unwahrscheinlicher, dass Sie wieder aufgeben, da die Rendite ständig steigt und der Selbstüberwindungsaufwand immer geringer wird! Das untenstehende Kurvendiagramm zeigt das sehr eindrücklich. Und auch Ihr Schweinehund hat kaum noch Chancen, Sie bei diesem Verhalten wieder auszutricksen – wenn er es überhaupt noch will, denn jetzt schwimmt er ja mit im Fluss der neuen Gewohnheit, und hat am Joggen oder Radfahren Gefallen gefunden!

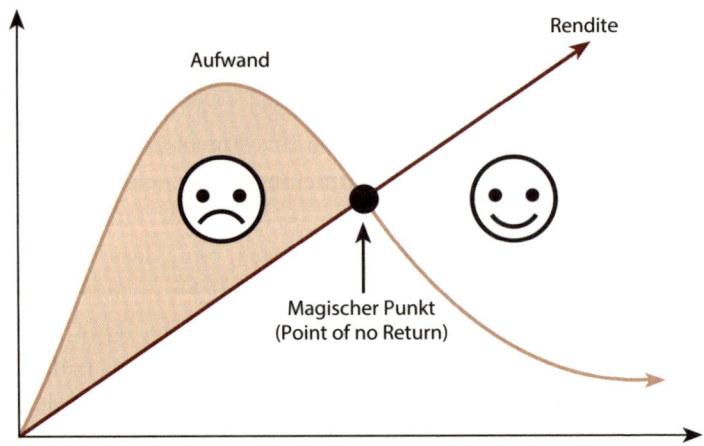

Wie das Diagramm veranschaulicht, sind neue Vorhaben gerade in der Anfangsphase bis zum magischen Punkt stark gefährdet. In dieser Phase sind wir den Attacken unseres inneren Widersachers besonders ausgesetzt. Das offensichtliche Missverhältnis von Investment und Rendite liefert ihm eine Fülle von Argumenten, warum wir besser abbrechen, aufgeben und so schnell wie möglich die gewohnte Komfortzone wieder aufsuchen sollten. Diesen »Berg« in der Anfangsphase gilt es zu überwinden! Da wir in diesem »Gebirgszug« oft mit den hinterhältigsten Angriffen unserer Schweinehunde rechnen müssen, trägt er den Namen »Schweinehundrücken«!

In der Phase des Schweinehundrückens mag die Rendite geringer sein als das Investment. Ab dem Point of no Return steigt der Return on Investment. Und die Anfangsphase dauert gar nicht so lange: Wenn Sie etwas täglich machen, brauchen Sie etwa sechs bis acht Wochen, bis ein neues Verhalten so in Ihrem Nervensystem verankert ist, dass Ihr Schweinehund Sie kaum noch davon abbringen wird. Wenn Sie es einmal pro Woche machen, dann kann es etwa ein halbes Jahr dauern. Aber danach ist er mit dabei.

Um welches neue Verhalten, um welche Veränderung es sich auch immer handeln mag: Es liegt an Ihnen herauszufinden, wann Sie fest im Sattel sitzen. Doch auch ein solcher Sattel ist kein Lehnstuhl! Der Point of no Return ist nicht im Sinne einer Versicherung gegen

Anfälle und Übergriffe des inneren Schweinehundes zu verstehen. Es wird immer wieder vorkommen, dass Sie sich zu etwas überwinden müssen. Schließlich gibt es ja keinen »Return without Investment«, kein Wohlgefühl ohne Einsatz. Aber das Durchhalten wird Ihnen bei weitem nicht mehr so schwerfallen wie in der Anfangsphase.

Wie Sie den »Schweinehundrücken«überwinden:

- Gehen Sie möglichst nur eine Sache auf einmal an!
- Geben Sie dieser aber absolute Vorfahrt!
- Machen Sie sich den Anfang so leicht wie möglich!
- Nutzen Sie die Kraft des Rhythmus!
- Und: Vermeiden Sie die Ausnahmefalle!

Wie dies gelingt, zeigen die folgenden Ausführungen.

Nur eine Sache auf einmal angehen

Nehmen Sie sich nur eine Verhaltensänderung auf einmal vor. Sonst versuchen Sie, an mehreren Stellen gleichzeitig gegen den Strom Ihrer bisherigen Gewohnheiten anzuschwimmen. Wer sich am Silvesterabend vornimmt, ab 1. Januar ein »neuer besserer nachhaltig lebender Mensch« zu werden, der nun täglich mit dem Rad statt mit dem Auto fährt, seine Ernährung auf vegan umstellt, Müll trennt (was er vorher nicht gemacht hat), nur noch Secondhandkleidung kauft, das Internet nicht mehr zur Unterhaltung nutzen will und so weiter, scheint zwar edle Vorsätze zu haben, die jedoch komplett an der Funktionsweise unseres Nervensystems vorbeigedacht sind. Das alles auf einmal ist kaum zu schaffen. Viel wichtiger ist es, mit Wenigem anzufangen, am besten erst mal mit einer Sache, zum Beispiel der Mülltrennung, eventuell noch beim Einkauf soweit wie möglich auf Plastikverpackungen zu verzichten. Und erst nach einigen Wochen dann etwas Neues hinzufügen.

Vorfahrt bei der Planung

Ein neues Vorhaben, eine neue Gewohnheit ist – bildlich gesprochen – wie eine junge, empfindliche Pflanze, die Sie im Garten Ihres Lebens neu einpflanzen und die Sie vor den eisigen Winden und dem Unkraut Ihrer bisherigen Gewohnheiten schützen müssen. Versuchen Sie daher, ein neues Vorhaben bei der Planung an die erste Stelle zu setzen, ihr gewissermaßen Vorfahrt zu geben. Wenn Sie zum Beispiel künftig Plastik zum Wertstoffcontainer bringen wollen, dann planen Sie das gleich am Morgen ein oder sobald Sie nach Hause kommen. Streichen Sie in der Anfangsphase lieber etwas anderes von Ihrer Tagesplanung, aber nicht diese eine neue Sache. Sie brauchen nicht zu befürchten, dass Sie Ihr sonstiges Berufs- oder Privatleben deswegen vernachlässigen könnten; beides ist das Gemüse, das gewissermaßen von selbst weiterwächst. Aber die kleine junge Pflanze bedarf in der Anfangsphase Ihrer besonderen Pflege und Aufmerksamkeit. Daher also: Vorfahrt!

Sich den Anfang so leicht wie möglich machen

Da der Anfang das schwerste ist, sollten Sie ihn sich so leicht wie möglich machen! Eine wichtige Regel lautet: Fangen Sie lieber klein an – das bringt am schnellsten Erfolgserlebnisse– und steigern Sie Ihr Pensum dann nach und nach.

Und: Entwickeln Sie ein gutes Gespür dafür, wo Ihre persönliche Leistungsgrenze liegt, und überfordern Sie sich am Anfang nicht! Es kann gar nicht oft genug betont werden, dass Überforderung der Motivationskiller Nummer 1 ist und somit eine der häufigsten Ursachen für das Scheitern neuer Vorsätze!

Ein Freund von mir wollte etwas für seine Gesundheit tun und entschied sich fürs Joggen. Da sein Bruder täglich mindestens eine Stunde lief, begann er sofort mit ehrgeizigen 45 Minuten und musste schon am nächsten Tag – von Muskelkater geplagt – die erste Zwangspause einlegen. Als ihm sein kleiner Feind schwanzwedelnd und grunzend ein Ausstiegsangebot machte, nahm er dankend an. Laufen sei nichts für ihn, das habe dieser Versuch gezeigt! Doch sein Bruder

ermunterte ihn, es nochmals zu versuchen, diesmal aber klein anzufangen. So begann er mit 10 Minuten täglich in der ersten Woche, 15 in
der zweiten, um sich dann langsam auf 20, 25, 30 und mehr Minuten
zu steigern. Das Entscheidende war, dass er nie über seine persönliche »Gerade-noch-Wohlfühl-Grenze« hinausging. Heute läuft auch
er täglich 50 Minuten, und das mittlerweile seit zwei Jahren. Sein
Schweinehund läuft übrigens mit.

Die Kraft des Rhythmus nutzen

Eines der wichtigsten Geheimnisse zur dauerhaften Verankerung
neuer Gewohnheiten im Leben lautet:

> **Was auch immer Sie dauerhaft tun wollen, tun Sie
> es möglichst stets zur *gleichen Zeit*, am *selben Ort*
> und in derselben *Art und Weise*!**

Die rhythmische Wiederholung ein und derselben Tätigkeit übt
auf unser Nervensystem eine erstaunliche Wirkung aus. Sie ist der
Schlüssel zur Neuprogrammierung, sozusagen zur Installierung
neuer Gewohnheiten auf Ihrer Festplatte. Daher kann man die Bedeutung der rhythmischen Wiederholung gar nicht oft genug wiederholen! Und selbst diesen Satz müsste man mehrmals wiederholen. Also
noch mal:

> **Um eine neue Gewohnheit zu schaffen, bedarf es
> der ständigen, rhythmischen Wiederholung.**

So, das dürfte fürs Erste genügen. Wir kommen dann voraussichtlich
noch ein paarmal darauf zurück, bis es Ihr Schweinehund nicht mehr
hören kann und er deshalb auch nicht mehr zuhört, nicht mehr aufpasst und wahrscheinlich einschläft. Und genau darum geht es: Durch
die rhythmische Wiederholung derselben Sache versetzen Sie Ihren

Schweinehund gewissermaßen in Trance, Sie schläfern ihn ein und schalten damit seinen Widerstand mehr und mehr aus.

Und wahrscheinlich haben Sie dies auch selbst schon verschiedentlich in Ihrem Leben erfahren: Je häufiger Sie etwas wiederholen, desto geringer werden die inneren Widerstände, die Sie dagegen haben. Nutzen Sie also die Kraft der rhythmischen Wiederholung zu Ihrer Unterstützung!

Die Ausnahmefalle vermeiden

Die Ausnahmefalle ist die gemeinste Falle, in die unser innerer Schweinehund uns immer wieder lockt und an der fast alle Verhaltensänderungen früher oder später scheitern.

Mit dem besten Vorsatz, mein Leben nachhaltiger zu gestalten und auch um selber einiges von dem umzusetzen, wozu ich anderen in meinen Vorträgen und Büchern rate, hatte ich mir vor einigen Jahren fest vorgenommen, in Zukunft die sechs Kilometer zu meinem Büro immer mit dem Fahrrad zu fahren. Das wäre nicht nur besser für die Umwelt, sondern auch für meine Gesundheit. Außerdem gab es einen herrlichen Fahrradweg entlang der Isar, und sollte es mal regnen, hielt direkt vor unserem Haus ein Bus, der mich in zwei Stationen zum Ziel bringen würde. Also: Das Auto sollte von nun an für reine Bürofahrten in der Garage bleiben.

Herrlich war es, ich war sehr zufrieden mit meinen neuen Verkehrsmitteln und dem Gefühl, nachhaltiger zu leben! – So ging es etwa elf Tage lang, doch dann, am Morgen des zwölften Tages geschah es: Ich war schon spät dran, und es nieselte ein wenig; der Bus war schon weg, und ich schlug den Weg zum Fahrradschuppen ein. Da sah ich bildlich gesprochen, wie mein Schweinehund schwanzwedelnd in Richtung Garage trabte und mich bedeutungsvoll ansah. Sein Blick sagte alles: »Wärst du doch früher aufgestanden. Du kommst noch zu spät. Bei dem miesen Wetter wirst du nicht nur nass, du holst dir womöglich noch eine Bombenerkältung. Wenn du einmal mit dem Auto fährst, wird der CO_2-Ausstoß auch nicht merklich zunehmen. Und du weißt ja: Einmal ist keinmal!« – »Na gut, ausnahmsweise! Aber morgen fahre ich wieder mit dem Rad!« – Mein kleiner Begleiter nickte und sprang zufrieden auf den Rücksitz. Tatsächlich fuhr ich am nächsten Tag wieder mit dem Rad, und auch am übernächsten. Doch drei Tage später nochmals eine Ausnahme zu machen, fiel mir nicht mehr so schwer, weil ich ja schon eine gemacht hatte. Und dann hab ich in der Folgezeit immer häufiger Ausnahmen zugelassen, bis ich mich nach einigen Monaten dabei ertappte, wie ich im Biergarten zu einem Freund sagte: »Vielleicht sollte ich mal wieder mit dem Rad ins Büro fahren!« Was war geschehen, ohne dass ich es bewusst bemerkt hatte? Ich habe es einmal ausfallen lassen … dann habe ich es schleifen lassen … und am Schluss habe ich es einfach sein lassen. Und das kann man sich merken als den sogenannten Schweinehunde-Dreisatz:

In dieser vielleicht ganz harmlos klingenden Geschichte steckt leider eine psychologische Tretmine. Bei vielen Verhaltensänderungen, die wir über einen längeren Zeitraum hinweg oder gar für immer beibehalten wollen, lässt uns der Schweinehund weise lächelnd ungestört mit der Veränderung anfangen. Denn er weiß aus Erfahrung, dass wir früher oder später in die Ausnahmefalle tappen. Und diese Falle hat die böse Eigenschaft, die meisten Vorhaben zu vernichten oder sie zumindest relativ spurlos aus unserem Leben zu tilgen. Ob es sich dabei nun um eine neue Diät handelt, das tägliche Joggen, das häufigere Tagebuchschreiben oder eben in puncto Nachhaltigkeit das regelmäßige Mitnehmen der mehrfach einsetzbaren Einkaufstasche, die konsequente Mülltrennung, Stromsparmaßnahmen oder andere klimafreundliche Maßnahmen, die zur Gewohnheit werden sollen. Der Schweinehund weiß um die ungeheure Sogkraft alter Gewohnheiten und um die Anfälligkeit und Schwäche neuer Vorhaben. Natürlich, da mag am Anfang noch das Feuer der Begeisterung flackern, dass Sie endlich begonnen haben zu ...! Und Sie erzählen es vielleicht sogar Ihren Freunden und Kollegen, die Sie (zumindest nach außen hin) beglückwünschen und bewundern. Insgeheim aber vielleicht denken: »Dein Schweinehund wird dich schon noch kriegen«, denn diese Erfahrung haben sie ja selber oft genug gemacht! – Und so kommt er dann, der besondere Anlass, zu dem wohl mal eine Ausnahme erlaubt sein wird! Bei dem miserablen Wetter ist es nun wirklich nicht gesund zu laufen, und wenn ich einmal doch den Biomüll in den Restmüll werfe oder Palmölprodukte kaufe, so ist das sicher nicht so wild. Nein, an sich ist das auch alles nicht so wild, und der Schweinehund flüstert unwidersprochen: »Einmal ist keinmal!« Doch die erste Ausnahme macht die zweite viel leichter und damit wahrscheinlicher, und ganz schnell ist der Punkt erreicht, wo es dann »eh schon egal« ist. Bevor Sie es richtig merken, haben Sie Ihr Vorhaben schleifen lassen, um es schließlich sang- und klanglos völlig fallenzulassen. Und würde man diesem Vorsatz einen Grabstein setzen, so stünde dort: »Nach kurzer Lebensdauer verschied dieser junge, noch so Erfolg versprechende Vorsatz tragischerweise, allerdings nach nur kurzem Leiden, in der berühmten Ausnahmefalle!«

Bedenken Sie daher bitte: Jede Ausnahme unterbricht den oben dargestellten Neuprogrammierungsprozess. Deswegen ist es gerade in der Anfangsphase (bis zum »Point of no Return«) so wichtig, auf die Gefahr der Ausnahmen zu achten und am Ball zu bleiben. Dabei können Sie vor allem zwei bewährte Mittel zu Ihrer Unterstützung heranziehen:

1. die Nachholtechnik und
2. das Minimumprogramm.

Die Nachholtechnik Wenn Sie wirklich mal verhindert waren, Ihre neue Gewohnheit in die Tat umzusetzen, aber auch, wenn Ihr Schweinehund eine Ausnahme errungen hat, dann holen Sie das Versäumte einfach bei nächster Gelegenheit nach – am besten am nächsten Tag, spätestens aber innerhalb der nächsten Woche! Der stehengebliebene Plastikmüll lässt sich auch am nächsten Tag zur Wertstoffinsel bringen. Und wenn Sie wirklich nicht am Flugzeug vorbeikommen, so können Sie die CO_2-Emissionen zum Beispiel durch eine Spende an ein Baumpflanzprogramm kompensieren. Allerdings sollten Sie misstrauisch werden, wenn sich die Nachholtermine und der »moderne CO_2-Ablasshandel« mehr und mehr häufen. Denn dann laufen Sie Gefahr, dass der psychologische Berg in Kürze so hoch wird, dass Ihr Schweinehund ein leichtes Spiel hat, Sie die ganze Angelegenheit als »viel zu mühsam« oder »nicht mehr zu schaffen« aufgeben zu lassen. Deshalb: Wenn Sie merken, dass sich zu viele Nachholtermine aufgestaut haben, empfiehlt es sich, reinen Tisch zu machen und von vorn anzufangen – und diesmal konsequenter zu sein.

Das Minimumprogramm Es kann wirklich immer wieder vorkommen, dass Sie aufgrund zwingender äußerer Umstände erkennen: Ihr normales Programm ist zeitlich oder aus anderen Gründen nicht zu schaffen. Jetzt heißt es, trotzdem am Ball zu bleiben und nicht locker zu lassen. Auch wenn Sie sonst schon 25 Minuten täglich laufen: Gestehen Sie sich an einem solchen Tag wenigstens fünf Minuten zu. Das mag Ihrer Fitness nicht gerade den entscheidenden Vorschub verleihen – und genau diesen Einwand wird auch Ihr Schweinehund bringen. Doch das spielt hier keine Rolle. Wenn Sie Ihren Mehrwegbecher für den Coffee-to-go nicht mitnehmen können und auf den Einwegbecher aus Kunststoff ausweichen müssen, dann sorgen Sie wenigstens dafür, dass Becher und Deckel richtig entsorgt werden (gelber Sack oder Wertstofftonne!). Entscheidend ist, dass Sie es nicht zu einer kompletten Ausnahme kommen lassen (und den Becher in den Restmüll werfen). Sie dienen Ihrem Nervensystem und damit sich selber, wenn Sie Ihre Neuprogrammierung nicht durchbrechen. Selbst ein Minimalprogramm ist hier besser als gar nichts. Bleiben Sie dran – es lohnt sich!

All die zuvor beschriebenen Tricks und Strategien unterstützen Sie dabei, die schwierige Anfangsphase des »Schweinehundrückens« möglichst leicht und sicher hinter sich zu bringen, damit Sie sich immer weniger überwinden müssen. Denn es gilt nun mal: Wer sich ständig überwinden muss, macht irgendetwas falsch! Jedenfalls, wenn Sie etwas schon über einen längeren Zeitraum hinweg praktizieren. Dann könnte es sein, dass es doch nicht das Richtige für Sie ist. Wenn also die Rendite auf Dauer das Investment nicht übersteigt, dann lassen Sie's. Suchen Sie sich in einem solchen Fall lieber etwas anderes, das Ihnen auch guttut, aber leichter fällt! Wenn Sie nach einer Weile wirklich feststellen, dass die Einkaufstour mit dem Fahrrad einfach nichts für Sie ist, dann fahren Sie halt doch mit dem Wagen und versuchen an anderer Stelle den CO_2-Ausstoß zu vermeiden oder zu kompensieren. Entscheidend ist nämlich, dass es Ihnen mit einem neuen Verhalten insgesamt besser geht! Diese Ansicht wird auch Ihr Schweinehund teilen.

Weitere Umsetzungshilfen

Schließlich können Sie auf dem Weg zu einem nachhaltigen Leben noch drei weitere Hilfsmittel nutzen, damit Ihr innerer Schweinehund Sie dabei nicht mehr so leicht sabotieren kann, sondern im Gegenteil sogar noch williger mitmacht:

a) Nutzen Sie die Macht der Sprache,
b) suchen Sie sich Verbündete und
c) verhandeln Sie notfalls auch mit Ihrem inneren Schweinehund.

a) Nutzen Sie die Macht der Sprache

Viele Menschen unterschätzen, wie machtvoll die Sprache sein kann, wenn sie sich etwas vornehmen. Oft kann man einem Vorsatz schon an der Art und Weise seiner Formulierung anmerken, ob er eine Chance auf Realisierung hat oder ob der Schweinehund ihn still und heimlich verspeisen wird. Hier die drei wichtigsten Formulierungstipps, wenn Ihre Vorhaben nachhaltig Realität werden sollen.

- Wählen Sie den Indikativ statt des Konjunktivs! Statt zu sagen: »Ich sollte häufiger mit dem Rad fahren …« oder »ich dürfte nicht so viel Fleisch essen« oder »ich könnte meinen Urlaub auch in Deutschland verbringen, statt in die Ferne zu fliegen …« oder »ich müsste endlich mal mit der Mülltrennung beginnen«, formulieren Sie jeweils bitte klar und eindeutig: »Ich werde …!« Alles andere mag zwar eine richtige Erkenntnis sein, doch ohne jeden Handlungsimpuls. Durch die Unverbindlichkeit der »müsste-dürfte-sollte-könnte«-Formulierungen wird das Nicht-Handeln-Müssen gewissermaßen schon programmiert. Es ist nun mal eine Erkenntnis der Schweinehundpsychologie: Im Konjunktiv formulierte Vorsätze werden fast nie realisiert. Also bitte im Indikativ: »Ich werde … !«

- Ebenso spielt es eine nicht unerhebliche Rolle, ob Sie sich sagen, dass sie etwas »müssen« oder ob Sie etwas »wollen« oder »können«. In der Tat gibt es viele Tätigkeiten und Handlungen, die erforderlich sind, um nachhaltig zu leben. Die Frage ist nur, ob es sinnvoll ist, all diese Dinge als ein Muss darzustellen und dann auch als Muss zu erleben, oder ob es nicht viel klüger wäre, sie mit »können«, »dürfen« oder »wollen« zu beschreiben! Denn: Vom Ergebnis her ändert sich zwar nichts, aber psychologisch macht es einen nicht zu unterschätzenden Unterschied. Die Formulierung unserer Vorhaben ist viel wichtiger, als den meisten Menschen bewusst ist. Denn in unseren Worten spiegelt sich nicht nur, wie wir die Welt wahrnehmen und empfinden, vielmehr wirkt unsere Sprache auch auf unser Empfinden ein. Oder ein wenig anders ausgedrückt: Die Wahl unserer Worte beeinflusst nicht nur unsere Gedanken und unsere Sicht der Dinge, sondern gleichzeitig auch unsere Gefühle. Schon der Philosoph Martin Heidegger formulierte es so: »Die Sprache ist das Haus des Seins.« Menschen, die ihre Vorhaben (sich selbst oder anderen gegenüber) ständig als etwas bezeichnen, das sie tun müssen, empfinden ihr Tun eher als Pflicht, als die Erfüllung von Anforderungen anderer. Und ihr Leben scheint ihnen nur wenig eigene Wahlmöglichkeiten zu bieten. (Das Gleiche gilt übrigens für die oben genannte »konjunktivische« Ausdrucksweise, dass man etwas tun müsste oder sollte.) – Sagen Sie also stattdessen einfach, was Sie tun wollen oder tun möchten, weil Sie sich dafür entschieden haben. Dieser scheinbar minimale Etikettenwechsel eröffnet psychologisch eine Welt der eigenen Wahl, der eigenen Entscheidung und der eigenen Prioritäten. Das ist die Weltsicht der Möglichkeiten statt der des Zwangs! Der innere Schweinehund wird sich viel weniger bemerkbar machen, wenn Sie sich sagen: »Ich will jetzt zu Fuß gehen«, – »Ich möchte meinen Müll trennen«, – »Ich will und werde auf Plastik verzichten, so oft ich kann!«, als wenn Sie all dies meinen tun zu müssen! Übrigens: Schon der Philosoph und Dichter Gotthold Ephraim Lessing ließ 1779 Nathan den Weisen in seinem gleichnamigen Drama sagen: »Kein Mensch muss müssen!« Wirklich weise, dieser Nathan! Wechseln Sie also die Etiketten und sagen Sie in Zukunft statt »ich muss« lieber: »ich will« oder »ich möchte« oder »ich kann«.

Wer statt »ich muss« sagt: »ich will«, verwandelt den inneren Druck in einen inneren Drang, etwas zu tun.

- Und bitte formulieren Sie *konkret* statt im Komparativ mit »mehr« oder »weniger«. Wenn Sie sich vornehmen, *weniger* CO_2 zu verbrauchen, *häufiger* mit dem Fahrrad zu fahren, *seltener* Fleisch zu essen oder gar allgemein *nachhaltiger* zu leben, so wird daraus wahrscheinlich nichts, weil Ihre Steuerungszentrale, Ihr Gehirn nicht weiß, was Sie genau wollen. Unser Gehirn funktioniert wie ein Warenversandhaus, es kann nur *eindeutige* Bestellungen ausführen. Angenommen Frau Renate Müller aus Münster würde bei Amazon »mehr« Bettwäsche und »weniger langweilige« Romane als beim letzten Mal bestellen und sich dann beklagen, dass »die Deppen« nicht liefern. Hier erkennen wir sofort, warum. Aber genauso behandeln wir unsere innere Steuerungszentrale im Gehirn, wenn wir unsere Ziele in »Wischi-waschi-Formulierungen« verpacken. Die Bestellung kann nicht ausgeführt werden. Zu den naturgegebenen Umsetzungsvoraussetzungen unseres Gehirns gehört nun mal eine klare, eindeutige und konkrete Vorstellung von dem, was wir wollen. Merke: Befehle im Komparativ sind nicht ausführbar! Unser innerer Schweinehund nutzt solche Formulierungen, um unser Gehirn zu vernebeln, und wird schmunzelnd den Vorsatz verspeisen, noch bevor man mit der Umsetzung beginnen kann.

b) Suchen Sie sich Verbündete

Statt einsam und allein mit Ihrem inneren Saboteur um ein nachhaltigeres Leben zu ringen, könnten Sie besser nach dem Motto »Gemeinsam mit anderen bin ich stark« handeln. Suchen Sie sich Verbündete. Wenn Sie sich mit anderen verabreden oder Bündnisse mit ihnen schließen, hat der innere Schweinehund viel geringere Chancen, Sie zu sabotieren. So ging es mir übrigens in meiner Studentenzeit, als ich begonnen hatte, morgens Joggen zu gehen.

Ich kann mich noch gut erinnern. Es war nach einer feuchtfröhlichen Nacht. Sechs Uhr dreißig. Der Wecker klingelte. Verschlafen schleppte ich mich ans Fenster. Auch das noch! Es regnete. Bei dem Wetter zu joggen, nach nur fünf Stunden Schlaf! Nein! Mein Schweinehund grunzte: »Geh wieder ins Bett, du holst dir noch wer weiß was!« Und ich bin schon fast wieder in den Federn, da fällt mir siedend heiß ein, dass Rainer und Michael in zehn Minuten am Stadtpark auf mich warten. Wir hatten uns noch am Vorabend auf der Party verabredet, da wir alle drei mit unserem Schweinehund ums Laufen rangen. – Nein, die Blöße würde ich mir nicht geben. In Windeseile schlüpfte ich in meine Jogginghose und zog mir die Laufschuhe an, während mein Schweinehund laut knurrte und bellte. »Sei ruhig und komm halt mit. Wir laufen auch nicht zu lange!« – Bald sah man drei Gestalten trotz Wind und Wetter locker und fröhlich durch den Stadtpark joggen. Drei? Nein, etwa 50 Meter hinter ihnen folgten drei weitere Gestalten – grunzend und schnaufend. Später beim gemeinsamen Frühstück gestanden wir uns gegenseitig: Keiner von uns wäre im

Gemeinsam funktioniert´s besser:
der Schweinehund läuft mit

Normalfall an diesem Morgen zum Laufen gegangen – aber keiner hatte sich getraut zu kneifen! Und so war es auch die folgenden Tage. Gemeinsam waren wir stärker, weil wir uns verbündet hatten.

So können Sie sich auch Verbündete suchen, um Ihr Leben nachhaltiger zu gestalten, Verbündete im Kampf gegen den Klimawandel, Mitstreiter für einen besseren Planeten. Treffen Sie sich mit gleichgesinnten Freunden, denen Nachhaltigkeit ebenso ein wichtiges Anliegen ist. Tauschen Sie sich aus, was Sie machen können und wollen, wie Sie sich dabei unterstützen können. Verabreden Sie sich zu gemeinsamen Aktionen. Vielleicht beschließen Sie, sich ein Auto zu teilen, zusammen einen Wanderurlaub zu machen (statt zu einem Städtetrip zu fliegen), zur nächsten Geburtstagsfeier zusammen mit dem Rad statt mit dem Auto zu fahren, gemeinsam auf eine »Schweinehunde for Future«-Demo zu gehen, gemeinsam vegan zu kochen und so weiter. Sie können auch Commitments gegenüber anderen abgeben und sich verpflichten zu »reporten«.

Mir hat das immer wieder im Leben geholfen, wenn ich beispielsweise einem Freund gesagt habe, ich werde jetzt für einen Monat auf etwas Bestimmtes verzichten und ihm regelmäßig Bericht erstatten. Das hat mich nicht selten davor bewahrt, zwischendrin schwach zu werden und den Einflüsterungen meines Schweinehundes nachzugeben.

Was auch immer Sie sich vornehmen: *Gemeinsam ist nachhaltiger*!

c) Verhandeln Sie mit Ihrem Schweinehund

In besonders hartnäckigen Sabotagefällen, in denen Sie seit langem mit Ihrem inneren Schweinehund ringen, kann es empfehlenswert sein, mit Ihrem kleinen Saboteur in Verhandlungen zu treten. Das mag zunächst verwunderlich erscheinen. Und sicher werden Sie sich fragen, wie Sie denn mit Ihrem Widersacher sprechen oder gar verhandeln können. Doch in der psychologischen Praxis gilt es heute als wiederholt erprobte Erfahrung: Wer offen und ehrlich den Kontakt zu seinem Unterbewusstsein sucht, findet ihn auch. Und das gilt genauso für die Kontaktaufnahme mit dem inneren Schweinehund.

Unterstellen wir einmal (so eine Grundannahme der Psychologie), dass hinter jeder Verhaltensweise eine positive Absicht steht, auch wenn dies auf den ersten Blick völlig absurd erscheinen mag. »Positiv« bezieht sich dabei zunächst nur auf Sie selbst, nicht notwendigerweise auch auf andere. Es könnte also sein, dass Ihr Schweinehund mit seinen Sabotageaktionen für Sie persönlich einen bestimmten positiven Zweck im Kopf hat. Deshalb sollten Sie ihn als Erstes fragen, welche positive Absicht er möglicherweise mit seinen Einwänden verfolgt. Fragen Sie ihn, was er Ihnen vielleicht schon seit langem »zwischen den Zeilen« mitteilen will – ohne dass Sie es bisher gehört haben (oder hören wollten)! Wozu könnte das Verhalten, dass Sie krampfhaft zu ändern versuchen, unter Umständen gut sein? Es geht also darum herauszufinden: Was ist die Absicht Ihres Schweinehundes, der Sie statt x immer y machen lässt?

Nehmen wir an, ein an sich recht disziplinierter und fleißiger Mann kämpft seit Jahren erfolglos dagegen an, dass er nach dem Mittagessen jeden Tag, wie zwanghaft, ein bis zwei Stunden fernsehen muss, bevor er weiterarbeiten kann. Da er als freier Journalist zu Hause arbeitet, »erlauben« ihm die Arbeitsbedingungen dieses »unsinnige« Verhalten. (Abends arbeitet er dafür oft bis um 22 oder 23 Uhr.) Kann hinter diesem Verhalten eine positive Absicht stecken? Ja, ruft der Schweinehund, sonst würde sein Herrchen ohne Unterlass arbeiten. Zweck der Fernsehsabotage: ihn wenigstens ein bis zwei Stunden pro Tag mal von der Arbeit abzuhalten!

Im nächsten Schritt der Verhandlungen fragen Sie dann Ihren Schweinehund, ob er bereit wäre, Sie nicht mehr zu sabotieren, wenn Sie den beabsichtigten Zweck auf eine andere Weise verwirklichen würden. Nehmen wir an, Sie hätten als Teil Ihrer Persönlichkeit eine Art kreativen Berater in sich; diesen fragen Sie um Rat, auf welchem anderen Wege Sie den positiven Zweck noch erreichen könnten, und zwar so, dass Sie gleichzeitig auch noch Ihre Ziele verwirklichen können. Gehen Sie »in sich«, bis Ihnen drei Möglichkeiten eingefallen sind.

Besagter Journalist könnte beispielsweise auf die Idee kommen, statt des sinnlosen Fernsehens erstens täglich eine Stunde spazieren zu gehen oder zweitens dreimal die Woche die Sauna aufzusuchen oder drittens täglich eine halbe Stunde zu meditieren und sich weitere 30 Minuten auf seinem Hometrainer zu bewegen.

Wenn jemand nun beschlossen hat, für ein nachhaltigeres Leben Veganer zu werden und sein Schweinehund ihn kontinuierlich sabotiert und doch wieder zu einem Omelette, Scampi oder einem Wiener Schnitzel verführt, dann kann es sein, dass bei der Verhandlung herauskommt, dass der Körper ab und an doch tierisches Eiweiß braucht und man sich darauf einigt: Komplett vegan zu leben, ist (noch) zu radikal, aber grundsätzlich vegetarische Kost, bei der einmal pro Woche auch Fisch oder zumindest Geflügel zulässig sind, ist ein guter Weg. Ein weiser Deal – zumindest für den Anfang. Das schließt ja nicht aus, dass in einigen Jahren der Schritt zum rein veganen Leben doch noch gelingen kann.

Bieten Sie Ihrem Schweinehund die drei Lösungen an, fragen Sie ihn, ob er mit einer davon einverstanden ist oder ob er zusätzlich noch etwas braucht, um seine positive Absicht ausreichend verwirklicht zu sehen. Alsdann besiegeln Sie Ihre Verhandlungen mit einem Vertrag mit dem Schweinehund: Sie verpflichten sich darin, die gewählte Möglichkeit wirklich umzusetzen, der Schweinehund verpflichtet sich seinerseits, Sie in dem Punkt nicht mehr zu behindern. Und Sie wissen ja: Verträge sind bindend! Wenn Sie Ihre Verpflichtung nicht einhalten, wird Ihr Schweinehund Sie wieder massiv torpedieren!

Viele Menschen konnten mithilfe dieser Methode schon so manche »Schweinehundblockade« lösen. Ob sie auch Ihnen hilft, können Sie nur erfahren, indem Sie einen Versuch wagen!

Viel Spaß und Erfolg beim Verhandeln!

Teil III

SCHWEINEHUNDEGERECHTE TIPPS FÜR MEHR NACHHALTIGKEIT IM LEBEN

1.
Mobilität:
Schweinehundegerechte Tipps
für mehr Nachhaltigkeit

Mobil sein will und muss heute nahezu jeder: Irgendwer muss immer irgendwo von A nach B. Egal ob nun aus beruflichen oder privaten Gründen, manchmal ganz weit (der Urlaub auf den Malediven), manchmal auch nur kurz um die Ecke (die Sonntagsbrötchen vom Bäcker). Unsere globalisierte Welt setzt Mobilität gewissermaßen als Grundbedingung des modernen Lebens voraus. Und selbst wenn die Möglichkeiten elektronischer Kommunikation (Skype, Videotelefonie) vor allem im beruflichen Bereich in bestimmten Fällen eine Reise ersetzen können – so ganz werden und wollen wir nicht auf den persönlichen Kontakt verzichten.

Ein weiterer Punkt kommt hinzu: Mobilität ist nahezu immer Mittel zum Zweck – der Zweck ist in diesem Fall die Ortsveränderung, und die soll *so schnell wie möglich* gehen. Der Flug München – Frankfurt dauert eine Stunde, die Bahnfahrt gute drei bis vier Stunden? Ist doch klar, dass wir da die schnellere Variante Flugzeug nehmen. Dass die zeitliche Rechnung nicht immer ganz aufgeht, dazu unten gleich mehr. Noch wichtiger ist aber die Überlegung, dass sich in Sachen Mobilität Schnelligkeit und Nachhaltigkeit öfter mal diametral gegenüberstehen. Leider ist die (vordergründig) schnellste Variante oft auch diejenige, die das Klima am meisten belastet und in diesem Sinne am wenigsten nachhaltig ist.

Mobilität ist in vielerlei Hinsicht ein belastender Faktor für Umwelt und Klima:

- Die globale Erwärmung, deren Hauptursache der CO_2-Ausstoß ist, beruht zu einem beträchtlichen Teil auf der Nutzung fossiler Brennstoffe – und da steht der Treibstoffverbrauch ganz oben an.

Auch Schweinehunde gehen auf Reisen –
umweltverträgliche Verkehrsmittel sind
selbstverständlich

Untersuchungen gehen davon aus, dass knapp 5 Prozent der Erderwärmung auf den weltweiten *Luftverkehr* zurückzuführen sind.[42] Da zudem die Flugzeugabgase in großer Höhe ausgestoßen werden, wirken die CO_2-Emmissionen stärker. Der sogenannte Radiative Forcing Index geht von einem Faktor von 3–5 gegenüber den CO_2-Wirkungen bodennaher Emissionen aus.[43]

- Ein weiterer großer CO_2-Treiber ist das *Auto*. Rund 46 Millionen zugelassene Fahrzeuge in Deutschland haben im Jahr 2017 115 Millionen Tonnen CO_2 ausgestoßen. Und auch wenn der durchschnittliche CO_2-Ausstoß neu zugelassener Pkw in den letzten Jahren immer weiter sinkt – »ausgeglichen« wird das durch höhere Zulassungszahlen, so dass zum Beispiel der absolute Wert 2017 gegenüber 2010 um 6 Prozent höher liegt.[44]

Wo so viel »Belastungspotenzial« ist, besteht auf der anderen Seite aber eben auch ein erhebliches Einsparpotenzial, und zwar ganz konkret für jeden Einzelnen. Beim Thema Mobilität geht es in allererster Linie um Vermeidung und Reduzierung des CO_2-Ausstoßes. Und dazu kann tatsächlich jeder etwas beitragen. Zwei Grundüberlegungen liegen dabei allen Tipps zugrunde:

- **CO_2-Vermeidung vor Reduzierung**: Am besten ist es natürlich, Emissionen gar nicht erst entstehen zu lassen. Die Frage ist also: Muss ich in der konkreten Situation tatsächlich mobil sein? Kann oder will ich gegebenenfalls verzichten oder kann beziehungsweise will ich die Mobilität ersetzen (Stichwort: Videokonferenz statt Kurztrip München – Hamburg; Kurzurlaub in der Dominikanischen Republik oder in Österreich)?
- Und wenn ich doch mobil sein muss oder will: Wie kann ich im konkreten Fall **möglichst CO_2-sparend** mobil sein?

Bei der Auswahl des passenden Verkehrsmittels hilft es zu wissen, wie hoch der CO_2-Ausstoß bei den unterschiedlichen Mobilitätsangeboten ist. Wenig verwunderlich: Am besten schneiden Fuß und Fahrrad ab, am schlechtesten das Flugzeug. Aber es gibt auch noch ein paar andere Zwischenschritte.

Fortbewe-gungsart	zu Fuß	Fahrrad	Bahn / Fernbus	ÖPNV	Auto	Flug-zeug
CO_2-Ausstoß Gramm / Personen-kilometer	0	0	30–43	74	139	196

Flüge vermeiden – reduzieren – kompensieren

Das Flugzeug ist bequem, schnell und oft auch noch sehr günstig – klar, dass der innere Schweinehund am liebsten fliegt. Angesichts des roten Balkens oben aber gilt: Jeder eingesparte Flugkilometer ist ein echter Gewinn fürs Klima.

- **Vermeiden oder reduzieren Sie wenn möglich Flüge** – am leichtesten ist das wohl bei **Inlandsflügen** umsetzbar. Das Hauptargument des inneren Schweinehundes ist in vielen Fällen die Zeitersparnis. Oft ist allerdings die Zeitersparnis gegenüber einer Reise mit der Bahn gar nicht so groß: Flughäfen liegen häufig weit außerhalb der Stadt, man muss relativ frühzeitig am Flughafen sein, Zeit für oftmals lange Wege und die Security einplanen und möglicherweise aufs Gepäck warten. Bei einer Nettoflugzeit von 60 Minuten kommen da gern nochmal zwei bis zweieinhalb Stunden zusätzlich dazu. Und dann ist die Bahn zwar nicht unbedingt schneller, aber zumindest auch nicht viel langsamer.
- **Kompensieren Sie bei unvermeidbaren Flügen den CO_2-Ausstoß.** Das Argument der Zeitersparnis gegenüber der Bahn kann natürlich auch mal durchschlagen, und nicht immer stehen Zeiträume für gemütliche Acht-Stunden-Bahnfahrten (einfache Strecke) zur Verfügung. Wenn also am Flug kein Weg vorbeiführt, können Sie

den CO_2-Ausstoß zumindest kompensieren (zugegeben: Eine Art moderner Ablasshandel, aber besser, als nichts zu tun). Angebote dafür gibt es viele, Fluglinien bieten selbst solche Möglichkeiten an, eine bekannte Alternative stellt die Seite www.atmosfair.de zur Verfügung. Eine Google-Suche mit den Suchbegriffen »flug co2 kompensieren« verschafft einen ersten Überblick.

Bahn oder Fernbus statt Flugzeug oder Auto

Bahn oder Fernbus stellen eine gute Alternative zum Flugzeug dar. Mit durchschnittlich 43 Gramm CO_2 pro Person und Kilometer ist die Bahn auch in Sachen Klimaschonung dem Flugzeug weit überlegen. Das gilt natürlich auch im Verhältnis zum Auto, vor allem, wenn es um die Überwindung innerdeutscher Distanzen geht. Etwas hakelig kann sich die Bewältigung der »letzten Meile« (oder auch der letzten paar Meilen) gestalten.

- **Bahnfahren** hat einen großen Vorteil: Sie können – je nach Anlass der Reise – beinahe die **gesamte Reisezeit als Arbeits- oder bewusste Freizeit** planen. Im ICE oder IC lässt es sich meist recht gut am Notebook arbeiten, Akten können durchgesehen werden oder Sie lesen Fachliteratur oder einen packenden Roman. Da Sie den Großteil der Reisezeit an einem Ort – im Zug – verbringen, haben Sie einfach mehr Ruhe.
- **Carsharing-Dienste** Das Thema »letzte Meile« ist jedoch im Bahn- und Fernbusverkehr noch nicht in allen Fällen zufriedenstellend gelöst. In Städten mit ausreichendem ÖPNV-Systemen ist die An- und Abreise zum und vom (Bus)Bahnhof meist unproblematisch – und in ganz wenigen Städten in Deutschland (so zum Beispiel in Monheim in Nordrhein-Westfalen) sogar kostenlos (ein Beispiel, das aus Kostengründen in den kommenden Jahren aber wohl eher nicht Schule machen wird). Aber in ländlichen oder weniger gut erschlossenen Gegenden werden Sie meist nicht an der Nutzung eines Autos oder Fahrdienstes vorbeikommen (das Problem kann sich freilich beim Fliegen genauso stellen). In zunehmendem Maße

können **Carsharing-Dienste** helfen, die letzten Meilen zu überbrücken – diese Dienste werden kontinuierlich ausgebaut. Und wenn dann auch noch vermehrt Elektrofahrzeuge angeboten werden, stimmt sogar die Klimabilanz.

- **Fernbusse** Beziehen Sie in Ihre Planungen auch **Fernbusse** ein – ihre CO_2-Bilanz ist gegenüber der Bahn im Fernverkehr sogar noch etwas besser (30 Gramm CO_2 pro Person und Kilometer). Und je höher die Auslastung, desto besser ist die CO_2-Bilanz. Ein kleiner Schönheitsfehler ist allerdings, dass der Busverkehr zu einer höheren Feinstaubbelastung führt als die Fahrt mit der Eisenbahn.

Rad statt Auto

Im Gegensatz zu allen anderen Verkehrsmittel ist der CO_2-Ausstoß beim Fahrrad gleich null! Und gesund ist es auch noch.

- **Benutzen Sie für Kurzstrecken vorzugsweise das Fahrrad.** Nach vorsichtigen Schätzungen lassen sich in Ballungsgebieten rund ein Drittel aller Fahrten statt mit dem Auto auch mit dem Rad erledigen. In Städten sind das vor allem Kurzstrecken bis fünf Kilometer. Das bringt in Sachen CO_2-Einsparung eine Menge, setzt allerdings auch eine entsprechende Infrastruktur voraus – schließlich macht es nur bedingt Freude, wenn Fahrrad- und Autofahrer sich die zweispurige Ringstraße teilen müssen. Aber hier geschieht sehr viel, die Kommunen haben erkannt, dass die Verkehrswende nur mit Investitionen in entsprechende Infrastrukturmaßnahmen gelingen wird.
- **Nutzen Sie Mietfahrradangebote** – sofern an Ihrem Wohnort vorhanden. Das spart die Anschaffung eines eigenen Fahrrades und befreit vom Problem, wo das Fahrrad nachts abgestellt werden kann. Sie brauchen sich dann auch nicht um Reifendruck, geschmierte Ketten und hakelige Schaltungen kümmern.
- **Betrachten Sie diese Art der Fortbewegung auch als aktive Gesundheitsvorsorge.** Jede Form von regelmäßiger Bewegung senkt

das Risiko der typischen Zivilisationskrankheiten: Übergewicht, Bluthochdruck und Herz-Kreislauf-Beschwerden. Sie alle beruhen auf Bewegungsmangel – und mit dem täglichen Fahrradtrip tun Sie nicht nur etwas für die Umwelt, sondern haben auch noch den Kollateralvorteil regelmäßiger Bewegung – mehr Return on Investment geht eigentlich nicht.

- **Elektrofahrrad** Sollten Sie im ländlichen Gebiet mit etwas weiteren Entfernungen wohnen (oder in einer Stadt, in der es nicht immer nur bergab geht), ist auch die Anschaffung eines **Elektrofahrrades** eine gute Alternative zu anderen, belastenderen Verkehrsmitteln.

Nachhaltiger Auto fahren

Ganz ohne Auto geht es in den wenigsten Fällen – wer in der Stadt lebt, kann vielleicht noch am ehesten ganz verzichten, aber für die »Landbewohner« ist der Rückgriff auf ein (eigenes) Auto nach wie vor häufig unabdingbar. Und die an sich vorzugswürdige großflächige Nutzung von Elektrofahrzeugen wird auch noch eine Zeit auf sich warten lassen – nicht nur wegen der erforderlichen Ladeinfrastruktur, sondern auch wegen der nach wie vor recht hohen Anschaffungspreise. Aber: Wir können bei der Nutzung unserer Autos schon heute eine Menge fürs Klima tun.

- **Carsharing** Ziehen Sie – zumindest mal für einen Moment – den Umstieg auf ein **Carsharing-Modell** in Betracht. Ja, natürlich: Das passt eher für Menschen, die in Städten oder Ballungsgebieten leben, und nicht jeder kann sich mit dem Gedanken anfreunden, seine »Mobilitätsgarantie«, materialisiert im eigenen Auto, aufzugeben. Überzeugen kann den inneren Schweinehund vielleicht ein Kostenvergleich – zwischen den Fixkosten fürs eigene Auto (Steuer, Versicherung, Reparaturen, Kraftstoff) und den Kosten für die Inanspruchnahme eines Carsharing-Dienstes. Ein entscheidender Faktor dabei ist natürlich die jährliche Fahrleistung: Übliche Berechnungsbeispiele gehen davon aus, dass sich Carsharing bei Jahresfahrleistungen bis 10.000 Kilometer rechnet.

- **Vermeiden Sie Kurzstrecken.** CO_2-Vermeidung geht vor CO_2-Reduzierung – in diesem Sinne sollten Sie sich bei jeder Kurzstrecke fragen, ob das Auto wirklich erforderlich ist oder ob es nicht doch zu Fuß, mit dem Fahrrad oder mit ÖPNV geht. Kurzstrecken mit dem Auto sind nicht nur für die Umwelt belastend, sondern auch für das Auto, denn sie sind besonders verschleißintensiv.
- **Bilden Sie Fahrgemeinschaften und bieten Sie Mitfahrgelegenheiten an.** Im Durchschnitt stößt ein PKW 139 Gramm CO_2 pro Kilometer aus – und im Durchschnitt sitzen in einem PKW 1,5 Personen. Eine Erhöhung der Mitfahrerzahl verbessert also die CO_2-Bilanz einer Fahrt nicht unerheblich, denn der CO_2-Ausstoß pro Kopf sinkt entsprechend. Fahrgemeinschaften bieten sich für regelmäßige Fahrten an – zur Arbeit, zum nächsterreichbaren Bahnhof, für Fahrten in die Schule oder die Kita, zum Sport, aber auch für Wochenendheimfahrten. Wer längere Strecken alleine fährt, kann dafür eine Mitfahrgelegenheit anbieten (oder auch suchen). Entsprechende Vermittlungsangebote gibt es im Internet, zum Beispiel www.blablacar.de. Eine Google-Suche unter dem Stichwort »Mitfahrzentrale« bringt weitere Ergebnisse.
- **Optimieren Sie Ihr Fahrzeug.** Es gibt ein paar Faktoren, die den Kraftstoffverbrauch und damit auch die CO_2-Bilanz Ihres Fahrzeugs beeinflussen. Dazu gehören zum Beispiel ein richtig eingestellter Reifendruck (schon 0,5 bar unter dem empfohlenen Wert erhöht den Kraftstoffverbrauch um 5 bis 7 Prozent –), der Verzicht auf unnötiges Gepäck, ein möglichst niedertouriges und vorausschauendes Fahren (zum Beispiel vor Ampeln), die Nutzung der Start-Stopp-Automatik und natürlich nicht zuletzt das Tempo: Ein gleichmäßiges Tempo von 120 oder 130 Stundenkilometern auf Autobahnen verbraucht nun mal weniger Kraftstoff als Tempo 180.

Und wann immer möglich: zu Fuß gehen

Denn die Bewegung per pedes ist nicht nur völlig CO_2-neutral, sondern auch extrem gesund: Mediziner empfehlen, täglich circa 7.500 Schritte zu gehen. Auf diesen Wert kommen die wenigsten. Ein Blick auf den Schrittzähler, den heute die meisten Smartphones haben, kann da ganz erhellend sein: Der durchschnittliche Büromensch bewegt sich nur circa 1.500 Schritte am Tag. Klimaschonendes *und* gesundes Verhalten lassen sich hier also aufs Beste kombinieren.

AUF EINEN BLICK

**Mobilität – schweinehundegerechte Tipps
für mehr Nachhaltigkeit**

- CO_2-Vermeidung geht vor CO_2-Reduzierung – überprüfen Sie daher, ob eine Reise wirklich nötig ist.
- Wählen Sie ein möglichst CO_2-sparsames Fortbewegungsmittel aus – ersetzen Sie vor allem Inlandsflüge durch Bahnreisen.
- Kompensieren Sie bei unvermeidbaren Flügen den CO_2-Ausstoß.
- Nutzen Sie die Angebote von Bahn und Fernbus anstelle von Flugzeug oder Auto.
- Lassen Sie das Auto bei Kurzstrecken stehen und steigen Sie wo immer möglich aufs Fahrrad um.
- Nutzen Sie Mietfahrradangebote, wenn Ihnen das eigene Rad zu umständlich ist.
- Erwägen Sie die Anschaffung eines E-Bikes, wenn Sie häufig längere Strecken zurücklegen und die Kondition etwas nachlässt – auch hier gibt es Mietangebote.
- Prüfen Sie die Möglichkeit, Carsharing-Modelle zu nutzen – vor allem, wenn Ihre jährliche Fahrleistung gering ist
- Nutzen Sie die Angebote zur Bildung von Fahrgemeinschaften – und bieten Sie gegebenenfalls auch selbst Mitfahrgelegenheiten an.
- Prüfen Sie, ob Ihr Auto verbrauchsgünstig unterwegs ist – entfernen Sie unnötigen Ballast, korrigieren Sie den Reifendruck, drosseln Sie das Tempo.
- Und wenn immer möglich: Gehen Sie zu Fuß – denn das ist gesund und spart definitiv CO_2.

2.
Strom und Wasser: Schweinehundegerechte Tipps für mehr Nachhaltigkeit

»Strom kommt sowieso ins Haus, nutz das aus« – ein Spruch aus der guten alten Zeit, als Strom noch billig war und es letztlich nicht darauf anzukommen schien, ob ein paar mehr Kilowattstunden durch den Zähler laufen oder nicht. Auf die Ressource Wasser ließe sich das ebenso übertragen.

Heute sieht die Situation etwas anders aus – nicht nur, weil die Stromkosten für jeden Einzelnen erheblich gestiegen sind und sich Sparbemühungen beim Strom damit unmittelbar auf den Geldbeutel auswirken. Circa 15 Prozent des deutschen CO_2-Ausstoßes entfallen auf private Haushalte für die Nutzung von Strom, Heizung und Mobilität. Ebenso wie beim Thema Mobilität kann hier also jeder Einzelne durch oft nur ganz geringe Veränderungen seines Verhaltens dazu beitragen, die klima- und umweltschädlichen Auswirkungen zu reduzieren. Der Schweinehund hat da meist nicht viel dagegen, denn es sind häufig die ganz kleinen Dinge, auf die es ankommt, und nicht die großen Verhaltensänderungen, gegen die er sich stemmen könnte.

Ökostrom nutzen

Die Herstellung von Strom aus fossilen Brennstoffen (Kohle, Öl, Gas) schädigt das Klima in erheblichem Ausmaß. Allein durch die Verstromung von Kohle werden jährlich circa 300 Millionen Tonnen klimaschädliche Abgase freigesetzt.[45] Nun ist der Ausstieg aus der Kohleverstromung beschlossene Sache, wird allerdings wegen der notwendigen Umstellungen noch eine Zeit lang auf sich warten lassen. Aber schon heute kann jeder durch den Bezug von Ökostrom aktiv werden. Die

Investition in erneuerbare Energien, deren Herstellung keine oder nur sehr geringe CO_2-Emissionen verursacht, lohnt sich: Circa 0,6 bis 1 Tonne CO_2 kann eine Person im Jahr durch den Wechsel zu einem Ökostromanbieter einsparen.[46]Die Auswahl des richtigen Anbieters kann allerdings ein wenig Recherchearbeit bedeuten – nicht überall, wo »öko« draufsteht, ist 100 Prozent öko drin. Neben den entsprechenden Angeboten der klassischen Stromlieferanten (Stadtwerke, überregionale Unternehmen) bieten Internetplattformen wie beispielsweise www.oekostrom-anbieter.info eine Auswahlhilfe.

Selbst Ökostromanbieter werden

Zugegeben – das ist jetzt nur etwas für Immobilieneigentümer mit ausreichend Investitionsmitteln. Aber bei anstehenden Renovierungen, Heizungsaustausch und allemal bei Neubauten lohnt es sich natürlich, die Nutzung von Solar- und Photovoltaiktechnik in Erwägung zu ziehen. Die Sonnenenergie stellt eine kostenfreie und nach dem Stand der Dinge endlos nutzbare Ressource dar. Allerdings ist fachliche Unterstützung unabdingbar, denn ob so eine Anlage am Ende sorgenfrei und kostendeckend Strom liefert, hängt von vielen Faktoren ab. Der Installateur Ihres Vertrauens ist da also der richtige Ansprechpartner – er kennt auch die umfangreichen Fördermöglichkeiten.

Die folgenden Tipps beschäftigen sich mit dem Thema »Stromsparen im Kleinen«. Denn es sind oft die kleinen Dinge, die Strom fressen – kleine rote Lämpchen beispielsweise, die auf den Standby-Modus hinweisen. Für den inneren Schweinehund ein gefundenes Fressen. »Was, nur 2,7 Watt im Standby? Da bringt Abschalten doch nichts.« – Aber bei Millionen von Geräten im Standby-Modus lohnt sich Abschalten dann halt doch wieder …

Nicht immer Standby

Wenn ein durchschnittlicher Haushalt in Deutschland kontinuierlich fünf Elektrogeräte im Standby-Modus hat, dann folgen daraus jährlich Kosten von rund 100 Euro und ein CO_2-Anfall von circa 220 Kilogramm – Kosten und Belastungen, die sich leicht vermeiden lassen. Am wirkungsvollsten ist es, wenn Elektrogeräte einen echten Ein-/Ausschalter haben und sich gänzlich vom Netz trennen lassen. Ist das nicht der Fall, kann eine zwischengesteckte schaltbare Steckdosenleiste helfen – auf diese Art lassen sich auch mehrere Standby-Schaltungen gleichzeitig vom Netz trennen. Bei neuen Geräten können Sie zudem darauf achten, dass der Standby-Verbrauch sehr niedrig ist – moderne Fernseher zum Beispiel begnügen sich oft mit deutlich weniger als 1 Watt.

Achten Sie auch auf die versteckten Standby-Kandidaten. Kaffeeautomaten älteren Baudatums zum Beispiel halten oft den ganzen Tag ihre Betriebstemperatur, weil man einfach vergisst, sie nach Gebrauch wieder abzuschalten (neue Geräte haben dagegen eine Abschaltfunktion). Auch die Aufrechterhaltung des WLAN-Netzes kostet Strom – an vielen Routern können Sie es mittels Tastendruck abschalten, wenn Sie zum Beispiel übers Wochenende wegfahren. Eingesteckte Ladegeräte, die gerade nicht laden, wandeln aufgenommene Energie in Wärme um – auch das kostet. Und zuletzt: Viele Drucker, Scanner und Monitore fallen zwar nach ein paar Minuten in einen Sleep-Modus, brauchen aber auch dann noch Strom. Auch hier ist ganz abschalten definitiv energiesparender.

Auf die Klasse kommt es an

Wer vor der Neuanschaffung eines Elektro(groß)gerätes steht, sollte in die Kaufentscheidung nicht nur Funktionalität, Design und Preis einbeziehen, sondern auch die Energieeffizienz. Energieeffizienzklassen von D bis A+++ helfen, das Gerät einzustufen. Verglichen werden dabei nicht die Geräte untereinander, sondern das jeweilige Gerät wird in Relation zu einem (fiktiven) Referenzgerät beurteilt. Je nach Energiesparpotenzial wird es dann von A+++ (sehr energiesparend) bis D (erheblich höherer Verbrauch als das Referenzgerät) eingestuft. Ein Kühlschrank der Klasse A+++ zum Beispiel verbraucht 60 Prozent weniger Strom als einer der Klasse A.

Richtig leuchten

Beim Thema Leuchtmittel hat in den vergangenen Jahren mehr oder minder sanfter Druck nachgeholfen: Durch das EU-weite Verbot bestimmter besonders energiefressender Leuchtmittel wurde die Entwicklung alternativer Leuchtmittel vorangetrieben – heute gibt es sparsame und ästhetisch ansprechende Alternativen zur 60-Watt-Glühbirne, die auch mit dem Operationssaallicht früherer Energiesparlampen nichts mehr gemeinsam haben.

Und die Zahlen sprechen für sich: LED-Leuchtmittel verbrauchen gegenüber herkömmlichen Glühbirnen, Halogen- oder Energiesparlampen bis zu 80 Prozent weniger Energie. Wichtig bei der Kaufentscheidung ist, auf Lichtstärke (angegeben in Lumen) und die Lichtfarbe (Kelvin) zu achten – Beratung hilft, oft hängen an den Verkaufsregalen aber auch Umrechnungstabellen, die die bekannte Watt-Zahl den vergleichbaren Lumen-Werten gegenüberstellt.

Bei den Großen anfangen

Auch bei den großen Verbrauchern im Haushalt gibt es Sparpotenzial – Elektrogroßgeräte wie Kühlschrank, Gefriertruhe oder Waschmaschine sind oft richtige Energiefresser, vor allem, wenn sie ein bestimmtes Alter erreicht haben. So kann zum Beispiel ein 15 Jahre alter Kühlschrank beinahe vier Mal so viel Strom verbrauchen wie ein modernes Modell. Es kann sich also lohnen, einen Austausch zu prüfen.

Energie sparen lässt sich aber natürlich auch beim Gebrauch der Geräte:

- **Waschmaschine** Waschen Sie möglichst nur mit ausreichender Beladung – ein einzelnes T-Shirt zu waschen, lohnt nicht. Nutzen Sie Energiesparprogramme, die Wasserverbrauch und Waschtemperatur optimieren und damit den Stromverbrauch senken. Der Vorwaschgang ist heute in der Regel überflüssig, und echte »Kochwaschgänge« bei 95 Grad sind auch nur noch in wenigen Fällen wirklich erforderlich.
- **Trockner** Der Trockner ist praktisch – aber in Sachen Energieverbrauch alles andere als nachhaltig. Am besten wäre es, Wäsche an der frischen Luft zu trocknen – aber die Möglichkeit ist nicht immer vorhanden, und manchmal muss es einfach schneller gehen. Um den Energieverbrauch des Trockners zu senken, gilt: Wäsche schon gut geschleudert einfüllen, denn dann muss der Trockner weniger Arbeit leisten. Den Trockner möglichst voll beladen. Und außerdem kann eine regelmäßige Reinigung des Flusensiebes helfen, den Wirkungsgrad des Trockners aufrechtzuerhalten.
- **Gefrierschrank** Auch der separate Gefrierschrank kann ein Stromfresser sein, zumal wenn er etwas älter ist. Wichtig ist, ihn regelmäßig abzutauen (wenn er nicht eine entsprechende Abtauautomatik hat, die auch funktioniert). Die Eisschicht an den Innenwänden des Gerätes erhöht den Stromverbrauch. Relevant ist auch der Aufstellort des Gerätes. Ein möglichst kühler Ort senkt den Stromverbrauch (pro Grad Umgebungstemperatur circa 3 bis 6 Prozent. – Energiesparen kann man übrigens auch beim Auftauen: Wird das gefrorene Gefriergut über Nacht zum Auftauen in den Kühlschrank gelegt, kann ein Teil der abgegebenen Kälte auch zum Kühlen des Kühlschrankes verwendet werden und geht so nicht verloren.
- **Kühlschrank** Für den Kühlschrank gelten ähnliche Überlegungen wie für den Gefrierschrank. Neben dem richtigen Standort (nicht neben dem Herd oder einem Heizkörper, und auch nicht so, dass mehrere Stunden am Tag die Sonne draufprallt) und dem regelmäßigen Abtauen ist vor allem die richtig eingestellte Temperatur entscheidend. Ausreichend sind 7 Grad, gemessen im obersten Fach (die Temperaturschichtung innerhalb des Schrankes führt zu unterschiedlichen Temperaturbereichen von circa 10 Grad in der Gemüseschublade bis zu zwei bis drei Grad unmittelbar darüber).

Schon 2 Grad weniger erzeugen einen Mehrverbrauch von circa 10 Prozent. Dass man die Tür möglichst nur kurz öffnen sollte und außerdem darauf achtet, dass die Türdichtung stets gut schließt und nicht verdreckt ist, sollte selbstverständlich sein.

- **Herd und Backofen** Kochen und Backen verursachen rund 10 Prozent des jährlichen Energiebedarfes eines Haushaltes. Optimieren lassen sich oft die Topfgrößen – passen diese nicht zu den Herdplatten oder den Cerankochfeldern, ergibt das schnell einen vermeidbaren Mehrbedarf von 10 bis 30 Prozent (bei Induktionsfeldern stellt sich dieses Problem natürlich nicht). Ebenso wichtig: Der Topfdeckel! Fehlt er, kann sich der Energiebedarf verdreifachen. Jeder Topf sollte also einen passenden Deckel haben, vorzugsweise aus Glas, das erspart gegebenenfalls das Anheben. Was außerdem hilft: Nutzen Sie die Restwärme (das funktioniert natürlich nicht bei Gasherden und nur eingeschränkt bei Induktionsherden): Oft kann der Herd schon zehn Minuten vor Ende der Garzeit ab- oder runtergeschaltet werden, die Restwärme sorgt dafür, dass das Gericht fertig wird.

Beim Backofen kann oft auf die angegebenen Vorheizzeiten verzichtet werden (Ausnahme: Bei empfindlichem Backgut wie beispielsweise Weihnachtsplätzchen). Backöfen (zumal mit Umluft) erreichen sehr schnell die eingestellte Backtemperatur, es reicht dann, die Backzeit etwas zu erhöhen. Stichwort Umluft: Durch die kontinuierliche Umwälzung der Backofenluft können Sie die Temperatur etwas absenken (circa 20 Grad) und auch auf diese Weise Energie sparen.

Zum Backofen noch ein weiterer Tipp in Sachen Nachhaltigkeit, der zwar nichts mit dem Energieverbrauch zu tun hat, hier aber gerade so gut passt: Backpapier ist eine tolle Sache – nichts klebt an und das Blech ist schnell wieder sauber. Allerdings sind Backpapiere häufig beschichtet und lassen sich daher in der Regel nicht oder nur schwer recyceln. Nachhaltiger ist daher die Verwendung von Dauerbackfolie aus Glasfaser oder Silikon, die mehrere 100 Mal verwendet werden kann.

- **Geschirrspüler** Handabwasch oder Geschirrspüler? Aus ökologischer Sicht siegt der Geschirrspüler, zumindest wenn man ihn richtig bedient. Moderne Geräte benötigen um die zehn Liter Wasser für einen Spülgang (manche variieren die Menge auch in Abhängigkeit vom Verschmutzungsgrad) und circa 1 kWh Strom. Beim Handabwasch ist das schnell die doppelte Wassermenge, und die muss auch erst mal erwärmt werden. Ein paar Dinge gilt es zu beachten: Ähnlich wie bei der Waschmaschine sollte die Spülmaschine nur laufen, wenn sie voll ist. Halbe Ladungen lohnen nicht. Energiesparprogramme reduzieren die Wassertemperatur – der größte Energieanteil geht für das Beheizen des Wassers drauf. Allerdings dauern diese Programme oft sehr lang (manchmal drei Stunden), da auch bei der Trocknung weniger Wärme eingesetzt wird.

Länger leben lassen

Elektrogeräte, Werkzeuge, Smartphones und so weiter neigen dazu, früher oder später kaputtzugehen … und jedes Mal stellt sich dann die Frage: Reparieren oder neu kaufen? In manchen Fällen wird einem diese Entscheidung abgenommen, nämlich dann, wenn das Gerät schlicht nicht mehr reparabel ist (weil der Schaden zu groß ist oder eine Reparatur schon aus technischer Sicht von vornherein nicht vorgesehen war) oder die Kosten so hoch sind, dass sich eine Reparatur nicht lohnt. Im Sinne der Nachhaltigkeit lautet die Empfehlung: Je länger ein technisches Gerät verwendet wird, desto besser. Denn die Herstellung neuer Geräte kostet Energie und Ressourcen, die alten Geräte müssen entsorgt werden, und der Transport des neuen Gerätes verursacht CO_2-Emissionen. Es lohnt sich daher, schon beim Kauf auf Aspekte wie voraussichtliche Lebensdauer und Reparierbarkeit zu achten – neben der Frage natürlich, ob die Anschaffung überhaupt erforderlich ist. So kann es zum Beispiel bei Werkzeugen sinnvoller sein, diese zu mieten, anstatt für eine Einmalaktion einen vordergründig günstigen Bohrhammer zu kaufen, der dann nach erfolgreicher Durchlöcherung der Wand die nächsten drei Jahre im Keller Platz wegnimmt (für passionierte Heimwerker gelten hier natürlich andere Maßstäbe).

Es lässt sich auch nicht leugnen, dass beim Thema Neuanschaffung von Elektrogeräten sehr schnell ein Dilemma entstehen kann.

Denn besonders bei Elektrogroßgeräten ist es nun mal so, dass neue Geräte meist viel energiesparender sind als die alten und es daher unter ökologischen Aspekten sinnvoll sein kann, neu zu kaufen statt zu reparieren Hier kommt man also nicht daran vorbei, verschiedene Aspekte der Nachhaltigkeit (Lebensdauer, Müllvermeidung, Energieeinsparung) gegeneinander abzuwägen.

Schön warm hier

Heizung und Warmwasser stellen in deutschen Haushalten die größten Energieverbraucher dar – rund 85 Prozent des Energiebedarfes werden dafür verwendet. Das ergibt auf der Kehrseite natürlich auch ein enormes Einsparpotenzial. Besonders energiesparend und nachhaltig lässt sich eine Heizungsanlage bei Neubauten planen. Wärmepumpen-, Solar- und Photovoltaiktechnologie sind allerdings teurer als konventionelle Öl- oder Gasheizungen – bei einem Neubau lassen sich die Kosten aber entsprechend einplanen. Etwas schwieriger und vor allem teurer ist die Sanierung im Bestand. Hier muss im Einzelfall und abhängig von den technischen Gegebenheiten der beste Weg für Heizungsanlage und Dämmmaßnahmen für Fassade und Fenster gefunden werden, am besten in Zusammenarbeit mit versierten Planern und Energieberatern. Und außerdem gibt es inzwischen eine Fülle von Fördermöglichkeiten – auch hier ist es ratsam, sich beraten zu lassen (Heizungsfachfirmen und Energieberater sind auch hier die richtigen Ansprechpartner), da man sonst leicht den Überblick im »Förderdschungel« verliert.

Aber auch bei der Nutzung bestehender Heizungsanlagen lassen sich mit einfachen Maßnahmen Einspareffekte erzielen.

- Sehr effektiv ist die **Senkung der Raumtemperatur** – ein Grad weniger spart etwa 6 Prozent Energie. Und es müssen ja nicht gleich die oft empfohlenen 20 Grad für Wohnräume und 16 bis 17 Grad für Schlafräume sein, was im Winter tatsächlich ziemlich kalt sein kann. Es müssen aber auch nicht 25 Grad sein – und auf jeden Fall lassen sich durch intelligente Heizkörperthermostate, die auch zeitgesteuert einstellbar sind, je nach Tageszeit und An- und Abwesenheit Einspareffekte erzielen. Ähnliche Spareffekte lassen sich durch Heizungsanlagen erzielen, die tageszeitenabhängig oder in Abhängigkeit von der Außentemperatur die Heizleistung anpassen.

- **Richtig lüften** – auch das spart Energie und Geld. Stoßlüften ist besser als Dauerlüften mit Fenstern in Kippstellung. Denn mit der Kippstellung wird die Luft nicht richtig ausgetauscht. Besser ist, zwei Fenster quer gegenüber breit zu öffnen und drei bis fünf Minuten offenzulassen, und zwar mehrmals täglich (drei bis fünf Mal). Dies gilt umso mehr bei gut gedämmten und abgedichteten Häusern, da hier kein Luftaustausch an undichten Fenstern oder Dachritzen erfolgen kann.

- **Wärmeverluste reduzieren.** Vor allem ältere Fenster sind oft undicht und lassen viel Wärme raus. Abhilfe schaffen Klebedichtungen, die im Baumarkt erhältlich und einfach zu installieren sind. Sind Jalousien vorhanden, lohnt es sich, diese nachts zu schließen – auch das reduziert den Wärmeverlust. Sollten keine Außenjalousien vorhanden sein, können innenliegende Thermorollos zumindest einen Teil des Wärmeverlustes verhindern.

- **Passen Sie die Warmwassertemperatur an.** Energie lässt sich auch mit der richtigen Einstellung der Warmwassertemperatur sparen. Ein Grad weniger spart auch hier circa 5 Prozent Energie. Heizungsanlagen halten entweder eine bestimmte Menge Warmwasser auf Vorrat bereit oder erzeugen das Warmwasser mittels eines Durchlauferhitzers erst dann, wenn es tatsächlich benötigt wird – die letztere Variante ist aus hygienischen Gründen vorzugswürdig. Bei Einfamilienhäusern reicht es aus, wenn der Wasservorrat maximal 60 Grad hat und die Durchlauferhitzertemperatur auf circa 45 bis 48 Grad steht.

Wasser – kostbares Gut

Jeder Deutsche verbraucht pro Tag um die 125 Liter Trinkwasser, vor allem in Bad, Toilette und durch die Nutzung der Waschmaschine. Sparen lässt sich an vielen Stellen – oft sind es nur halbe oder ganze

Liter, aber das summiert sich natürlich mit der Zeit. Und für den inneren Schweinehund gibt es hier noch ein kleines Kostenargument: Beim Wasser kostet ja nicht nur der Bezug des Trinkwassers, sondern auch das Abwasser wird berechnet, und zwar in Höhe des Trinkwasserverbrauches. Jeder gesparte Kubikmeter Wasser spart also auch Abwassergebühren, und die sind oft zwei- bis dreimal so hoch.

- **Nutzen Sie Sparsprudler** für den Wasserhahn und **Sparduschköpfe** an der Brause. Beides lässt sich leicht austauschen (auch ohne großes handwerkliches Geschick) und wirkt sofort – die Wasserersparnis liegt zwischen 30 und 50 Prozent. Merken tut man davon übrigens nichts – dem Wasserstrahl wird Luft beigemischt, so dass die geringere Durchflussmenge nicht auffällt.
- **Für den Toilettenspülkasten lohnt der Einbau einer Wasserstoppfunktion** oder der Umbau auf ein Zwei-Tasten-Modell. Für manche ältere Spülkastenmodelle gibt es passende Umbausätze. Sie können dann die Spülwassermenge dosieren und je nach Bedarf »klein oder groß spülen«.
- **Drehen Sie zwischendurch den Hahn zu.** Beim Händewaschen, Zähneputzen, Einseifen unter der Dusche, auch beim Abspülen: Das Wasser muss nicht die ganze Zeit laufen (nebenbei: beim warmen Wasser kommt ja auch noch der Energieaufwand für die Erwärmung dazu). Drehen Sie zum Beispiel beim Einseifen unter der Dusche das Wasser ab, das spart schnell 15 bis 20 Liter.
- **Duschen und Baden.** Ein heikles Thema, weil es sehr von persönlichen Vorlieben abhängig ist. Die Zahlen sind ziemlich eindeutig: Ein Vollbad benötigt im Schnitt 140 Liter, beim Duschen gehen pro Minute zwischen 6 und 15 Litern durch den Schlauch (je nach Brausekopf). Also: Unter Nachhaltigkeitsaspekten besser duschen. Andererseits: Für viele hat ein Wannenbad auch etwas sehr Entspannendes und ist damit ein Stück Lebensqualität – und die hat in gewisser Weise ja auch etwas mit Nachhaltigkeit (für uns persönlich) zu tun. Auch zu beachten: Oft steht man ja recht lange unter der Dusche … gerne auch mal mehr als zehn Minuten. Bei einem normalen Duschkopf (15 Liter pro Minute!) kommt man da schnell auf eine Wannenfüllung. Es ist also wie so häufig eine Frage der

Mischung: Vielleicht nicht jeden Tag ein Vollbad – aber auch nicht jeden Tag ganz so lange duschen. Und definitiv eine Wassersparbrause montieren.

- **Suchen und beseitigen Sie versteckte Wasserräuber** wie tropfende Wasserhähne oder undichte Spülkästen. Oft fallen einem diese Lecks gar nicht auf. Ist zum Beispiel die Dichtung zwischen Spülkasten und WC-Becken undicht, läuft ständig eine minimale Menge Wasser die Beckenwand hinab – bemerkbar macht sich das nach ein paar Monaten durch einen Kalkrand. Aber die Ursache ist eine defekte Dichtung. Ein tropfender Wasserhahn kann bis zu 2.000 Liter Wasser im Jahr kosten!

- **Achten Sie auch darauf, das Abwasser recyclefähig zu halten.** Hygieneartikel oder Küchenabfälle zum Beispiel, aber auch Zigarettenkippen oder Katzenstreu bereiten in der Kanalisation und im Klärwerk Probleme und erschweren oder verhindern die nachhaltige Aufbereitung des Trinkwassers. Selbstverständlich sollte sein, dass giftige Stoffe, Chemikalien oder Farbreste nicht über die Toilette entsorgt werden.

- **Sparprogramme** Haushaltsgeräte wie Spül- oder Waschmaschine können große Wasserverbraucher sein, vor allem wenn sie älteren Baudatums sind. Nutzen Sie, wann immer es geht, **Sparprogramme** und lassen Sie die Maschinen erst laufen, wenn sie voll sind.

- **Regentonne** Nicht zu vernachlässigen ist auch der Wasserverbrauch im Garten. Nutzen Sie am besten eine Regentonne, wenn Sie regelmäßig größere Flächen zu bewässern haben. Und setzen Sie eher auf intelligente Bewässerungssysteme mit Tröpfchenbewässerung als auf den Rasensprenger, der das Wasser tatsächlich »nach dem Gießkannenprinzip« verteilt.

Neben dem direkten Verbrauch beeinflusst aber noch ein zweiter Faktor den ökologischen Fußabdruck in Sachen Wasserverbrauch: das sogenannte »virtuelle« Wasser. Was es damit auf sich hat und wie Sie diesen Abdruck verkleinern können, erfahren Sie bei den Tipps zu Ernährung und Konsum.

Strom und Wasser – schweinehundegerechte
Tipps für mehr Nachhaltigkeit

- Stellen Sie Ihren Stromliefervertrag auf Ökostrom um – beinahe jeder Anbieter hat entsprechende Tarife.
- Vermeiden Sie Standby-Betrieb – trennen Sie Elektrogeräte komplett vom Netz, wenn sie nicht gebraucht werden.
- Achten Sie beim Kauf von Elektrogroßgeräten auf das Energieeffizienzlabel (A+++ etc.).
- Ersetzen Sie beim notwendigen Austausch Leuchtmittel durch LED-Varianten.
- Lassen Sie Waschmaschine, Trockner und Geschirrspüler nur laufen, wenn sie voll sind. Nutzen Sie wo möglich Energiesparprogramme.
- Stellen Sie Ihren Kühl-/Gefrierschrank nicht neben der Heizung auf, tauen Sie ihn regelmäßig ab (wenn er das nicht sowieso automatisch macht), stellen Sie die Kühltemperatur richtig ein.
- Achten Sie auf zum Herd passendes Kochgeschirr – und sparen Sie wenn möglich die Vorheizzeit des Backofens ein.
- Prüfen Sie bei defekten Geräten die Reparaturmöglichkeit – und achten Sie schon beim Kauf neuer Geräte auf Reparaturgeeignetheit und Möglichkeit zum Ersatzteilbezug.
- Überheizen Sie die Räume nicht – schaffen Sie, wo nicht vorhanden und möglich, Heizkörperthermostate an.
- Lüften Sie richtig – besser »Stoß« als »Dauer«, besser »quer« als »längs«.
- Reduzieren Sie Wärmeverluste durch Dämmung von undichten Fenstern und Türen.
- Reduzieren Sie gegebenenfalls die Vorhaltetemperatur bei Warmwasserboilern und Heizungssystemen um ein paar Grad.
- Montieren Sie Sparsprudler und Sparduschköpfe und reduzieren Sie so den Wasserverbrauch ohne Komfortverlust.

- Lassen Sie eine Spülstoppfunktion an der Toilettenspülung einbauen.
- Lassen Sie tropfende Wasserhähne und undichte Spülkästen instandsetzen.
- Halten Sie das Abwasser recyclefähig, benutzen Sie die Kanalisation nicht als Müllkippe.

3.
Ernährung: Schweinehundegerechte Tipps für mehr Nachhaltigkeit

Ernährung und Nachhaltigkeit – schweinehundemäßig betrachtet ein heikles Kapitel. Kaum ein Bereich ist bei vielen so sehr von lange geübten und liebgewonnenen Gewohnheiten geprägt wie die tägliche Ernährung. Früheste Prägungen aus Kindheitstagen (Omas Sonntagsbraten!), wohlige Erinnerungen an Familienzusammenkünfte, bei denen das gemeinsame üppige Festmahl zwar nicht der Anlass für das Treffen, wohl aber faktisch der Höhepunkt war, oder bestimmte Alltagsriten, die untrennbar mit einem besonderen Küchenerlebnis verbunden sind, geben dem inneren Schweinehund und unserem Nervensystem beste Argumente, doch *wenigstens* an dieser Front *keinesfalls* etwas zu verändern. Und was soll das auch nützen – der Verzicht auf das Stück Rindfleisch (das sind doch nur 150 Gramm), die ganzjährig vorhandenen exotischen Früchte, die paar sonnengereiften Tomaten im November ... da kommt es doch auf den Einzelnen überhaupt nicht an, die Sachen liegen doch sowieso beim Discounter. Oder kann ich da doch etwas bewirken?

Wie so häufig gilt: In größeren Zusammenhängen betrachtet kann sich auch ein kleiner Beitrag als wirksam herausstellen.

Kleines Filet – große Auswirkungen

Das kleine Stück Rinderfilet – an der SB-Theke beim Discounter erstanden, »unter Schutzatmosphäre verpackt« und glücklicherweise sogar im Sonderangebot – ist ein ganz gutes Beispiel dafür, wie klein der Anlass und wie groß die Auswirkungen sein können.

Schweinehunde auf der ganzen Welt
wissen: auch ein nachhaltiger Speiseplan
rettet den Planeten

- Natürlich geht es zunächst nicht um das eine Stück, die 150 Gramm, allein. Die globale Rindfleischproduktion lag 2017 bei 70 Millionen Tonnen Netto-Schlachtgewicht.[47] Diese Millionen von Rindern müssen zunächst einmal ernährt werden. Das geschieht weltweit vor allem mit Soja, das besonders eiweiß- und damit nährstoffreich ist und sich für die Tiermast besonders eignet, aber auch mit Getreide. So wandern in Deutschland gut 60 Prozent des geernteten Getreides direkt in die Nutztierernährung, rund ein Drittel des Ackerlandes werden dafür genutzt. Auf dem Weltmarkt wurden 2013 allein für die Tierernährung rund 280 Millionen Tonnen Soja produziert.[48] Diese Mengen erfordern enorm viel Anbaufläche, die (nicht nur, aber ganz wesentlich) durch die Rodung von Regenwäldern erzeugt wird. So trägt der weltweite Fleischkonsum unmittelbar zur Zerstörung des Regenwaldes bei, und diese Zerstörung hat wiederum negative Folgen für das globale Klima.

- Millionen von Rindern verdauen auch millionenfach – und stoßen dabei Methan aus, ein Gas, das 25 Mal klimaschädlicher ist als das so oft erwähnte Kohlendioxid. Rund ein Drittel des vom Menschen zu verantwortenden Methanausstoßes geht auf die Nutztierhaltung zurück. Nun kann man den Kühen schlecht vorschreiben, weniger zu verdauen (auch wenn es Forschungen in diese Richtung gibt, zum Beispiel durch Veränderung der Futterzusammensetzung[49]). Aber ein sehr einfacher Ansatz besteht in der Reduktion des Fleischkonsums, der mittelbar – über eine verringerte Nachfrage – zu einer Reduktion der Rinderzucht führen kann … und damit auch zu weniger Methan in der Luft.

- Und noch ein Querschläger, den man dem Stück Rinderfilet auf den ersten Blick nicht ansieht: Der Wasserverbrauch! Ein Kilo Rindfleisch erfordert in der Gesamtproduktion rund 15.000 Liter Wasser.[50] Bezogen auf die 70 Millionen Tonnen Weltproduktion sind das … richtig: eine ganze Menge. Man spricht in diesem Zusammenhang von »virtuellem Wasser«. Es ist – anders als das Wasser, das durch die Leitung und den Abfluss braust – dem Produkt nicht direkt anzusehen, wird aber trotzdem im Produktionsprozess verbraucht, zum Beispiel für die Bewässerung beim Futtermittelanbau (siehe oben) oder die Reinigung des Ställe.

Und so zeigt sich: Auch wenn es nur um 150 Gramm Filet geht – millionenfach vervielfältigt ergeben sich aus dem Fleischkonsum enorme Probleme, die oft an ganz anderen Orten der Welt auftreten als am Ort des Konsums … und dann mit Zeitverzögerung doch Auswirkungen auf unser Leben haben. Auch wenn der Beitrag also auf den ersten Blick nur sehr klein ausfällt: Es lohnt sich, genauer hinzusehen und auch beim Thema Ernährung liebgewordene Gewohnheiten unter Nachhaltigkeitsgesichtspunkten auf den Prüfstand zu stellen.

Saisonal und regional – Einkaufsgewohnheiten anpassen

Die ständige Verfügbarkeit aller denkbaren Lebensmittel verstellt weitgehend den Blick für die Folgen dieses Ganzjahresangebotes. Natürlich wissen wir, dass Erdbeeren in unseren Breiten eigentlich nicht im Dezember geerntet werden … aber ein Erdbeerkuchen am zweiten Weihnachtsfeiertag ist halt schon sehr verlockend. Unter Nachhaltigkeitsgesichtspunkten ist der Preis dafür allerdings ziemlich hoch. Denn der Transport schlägt in der Klimabilanz gewaltig ins Gewicht. Auch wenn die Berechnungsmethoden teilweise voneinander abweichen – zwei Eckmarker zur Orientierung: 1 Kilo Obst aus Übersee einzufliegen, verursacht circa 10 Kilogramm Kohlendioxidemissionen. Andersherum: Mit derselben Emissionsmenge können innerhalb Deutschlands 11 Kilo Lebensmittel transportiert werden.[51] Und die rund 140 Tonnen Lebensmittel, die täglich nach Deutschland eingeflogen werden, verursachen bis zu 16 Prozent aller Treibhausemissionen, die durch Lebensmitteltransporte in Deutschland entstehen.[52] Das sind Argumente, die auch ein innerer Schweinehund nachvollziehen kann. Was also tun?

- **Saisonal denken** Optimal ist es, den Einkaufszettel daran anzupassen, was vor Ort (oder zumindest im europäischen Großraum) gerade Saison hat. Das vermeidet nicht nur zu lange Transportwege, es ist häufig auch gesünder. Denn Obst oder Gemüse, das ausgereift ist und nicht erst auf dem Weg zum Kunden nachreift, hat in der Regel mehr Vitamine. Auch ist die Belastung an Pflanzenschutzmitteln häufig bei Obst oder Gemüse, das lange Transportwege überstehen muss, besonders hoch, da diese Erzeugnisse für den Weg haltbar gemacht werden müssen. Das mag dann alles innerhalb der gesetzlichen Grenzwerte sein, ist aber trotzdem höher als bei ortsnaher Saisonware. Und da wir natürlich heute alle nicht mehr so genau wissen, was wann gerade wo Saison hat (wann sind nochmal die Kartoffeln dran?): Die Digitalisierung bietet auch dafür Lösungen. Das Stichwort »Saisonkalender« im Appstore liefert Ergebnisse verschiedener Anbieter.

- **Regional denken** Eng mit dem Saisongedanken verbunden ist der regionale Bezug: Je kürzer der Weg zwischen Erzeuger und Abnehmer ist, desto besser. Der Kauf unmittelbar beim Erzeuger stellt insoweit die beste Alternative dar. Hofläden oder Wochen- und Bauernmärkte stellen die erste Wahl dar. Es gibt mittlerweile auch viele Lieferdienste, die sich auf ortsnahe Erzeuger spezialisiert haben. Aber der Regionalbezug macht auch vor den Discountern nicht halt. Mag man dahinter zunächst (auch) eine Werbestrategie auf der Welle der Nachhaltigkeit vermuten: Fakt ist, dass auch Lebensmittelketten vermehrt auf kurze Lieferwege setzen und regionalen, ortsnahen Anbietern den Vorzug geben. Man muss sich beim Einkauf dann allerdings die Mühe machen, das Herkunftsland zu prüfen, und nicht selten ist die regionale Ware auch ein bisschen teurer als das Flugobst.
- **Und wann immer es geht:** Vermeiden Sie Ware, die (kohlendioxidintensiv) eingeflogen wird, weil sie kurz nach der Ernte verzehrt werden muss beziehungsweise nicht lagerfähig ist. Das betrifft vor allem exotische Früchte wie Papayas, Litschis, Mangos oder Ananas.

»Bio« den Vorzug geben

Auch wenn es im Ergebnis meist etwas teurer ist: Es lohnt sich, unter Nachhaltigkeitsaspekten auf Biokost umzusteigen:

- Generell gilt: Es gibt zwar eine ziemlich unübersichtliche Vielzahl an Biosiegeln – eine Auflistung aller Siegel finden Sie unter www.label-online.de. Und auch wenn sich diese Zertifizierungen teilweise erheblich unterscheiden: Wo Bio draufsteht, ist auch Bio drin … nur halt nicht immer auf höchstem Niveau. Den kleinsten gemeinsamen Nenner stellt das EU-Bio-Siegel dar, daneben gibt es Siegel von Anbauverbänden und Erzeugergemeinschaften, die wesentlich höhere Standards verlangen (zum Beispiel Demeter oder Naturland). In Discountern finden sich heute oft Bioeigenmarken, die zumeist den EU-Mindeststandards genügen und damit auch eine ernstzunehmende Alternative zu konventionell erzeugten Lebensmitteln darstellen.

- »Bio« bedeutet nicht zwangsläufig »gesünder«. Auch konventionell angebaute oder hergestellte Produkte können hohen lebensmitteltechnischen Standards genügen. Ein Biosiegel garantiert aber ein gewisses Maß an Nachhaltigkeit und Verantwortungsbewusstsein in der Produktion und Tierhaltung, vorsichtigen Einsatz von Pestiziden und gentechnisch veränderten Materialien und einen gewissen Mindeststandard beim Tierwohlgedanken. Auch wird dem regionalen Bezug Vorrang eingeräumt und durch den Verzicht auf Monokulturen Landwirtschaft unter Berücksichtigung von Artenvielfalt und Bodenschonung betrieben.

Beinahe der gesamte Speiseplan lässt sich heute bioverträglich gestalten. Das gilt für

- **Bioobst und Biogemüse** Siehe dazu schon oben bei »regional und saisonal«
- **Biofleisch** Hier vermeidet das Biosiegel vor allem die in vielfältiger Hinsicht problematische Massentierhaltung. Das schlägt unmittelbar auf den Preis durch – und stellt damit einen starken Anreiz dar, den Fleischkonsum insgesamt zu reduzieren.
- **Bioeier** Bei Eiern kann das Biosiegel ein wenig irreführen – unter Tierwohlgesichtspunkten sind Eier von Hühnern in »Freilandhaltung« vorzugswürdig, auch wenn diese möglicherweise kein Biosiegel tragen.
- **Biomilch** Bei der Milch stellt der Preis das größte Problem dar – insoweit ist hier neben dem Biosiegel gegebenenfalls auch ein Hin-

weis auf die Preisgestaltung wichtig. Konventionelle Milchproduktion steht heute jedenfalls unter einem enormen Preisdruck, der es mehr als unwahrscheinlich macht, dass das Tierwohl an erster Stelle steht.

Weniger Fleisch

Das Thema Fleischkonsum spielte ja schon zu Beginn dieses Kapitels eine Rolle – das kleine Filet mit den großen Auswirkungen. Da innere Schweinehunde ja nicht grundsätzlich etwas gegen Verhaltensänderungen haben, aber mit guten Argumenten gefüttert werden wollen: Hier noch ein paar wichtige Punkte, die Ihnen (und Ihrem Schweinehund) helfen können, den Klimakiller Fleischkonsum ein bisschen besser in den Griff zu bekommen:

- **Reduktion** ist ein erster, sehr guter Schritt (statt totalem Verzicht). Wer an fünf Tagen pro Woche auf Fleisch verzichtet, reduziert den eigenen Kohlendioxid-Fußabdruck um 40 Prozent. Dieser Verzicht wird für »eingefleischte Fleischesser« nicht ohne eine gewisse Umorientierung bei der Gestaltung des Speiseplanes funktionieren, lohnt sich aber nicht nur unter Nachhaltigkeitsgesichtspunkten: Die Veränderung bringt garantiert einen abwechslungsreicheren und damit gesünderen Speiseplan auf den Tisch.
- **Teurer einkaufen** 100 Gramm Schweinefilet für 99 Cent mag ein tolles Schnäppchen sein – aber bei so einem Preis sollte man sich auch klar machen, dass andere in der Produktionskette dafür zahlen müssen … und zwar nicht nur das Schwein mit dem Leben, sondern letztlich wir alle, und zwar für die Umweltschäden und die Folgen der Massentierhaltung (meist in anderen Ländern), die solche Preise erst ermöglichen. Biozertifiziertes Fleisch vom Metzger ist teurer als SB-Ware beim Discounter – aber wenigstens sind die Kosten des Konsums dann einigermaßen eingepreist und Sie unterstützen mit dem Fleischgenuss keine Massentierhaltung. Es gilt: Kaufen Sie lieber weniger, aber hochwertiger (und teurer) – daraus folgt dann automatisch die Reduktion des Fleischkonsums.

- **Veganes mal ausprobieren** Zugegeben: Der Schritt zum Veganismus ist nicht jedem gegeben – auch innere Schweinehunde haben da aus prinzipiellen Erwägungen so ihre Bedenken. Und da das Thema »Fleischesser – Vegetarier – Veganer« ja immer auch ein bisschen von Glaubensfragen überschattet wird, soll diese Entscheidung jedem selbst überlassen werden. Aber eines zumindest könnten Sie tun, wenn Sie damit bisher keine Erfahrungen gemacht haben: Es gibt inzwischen eine ganze Menge vegane Restaurants – probieren Sie einfach mal eines aus und lassen Sie auf sich wirken, was da serviert wird. Vielleicht sind Sie (zumindest teilweise) begeistert und werden zum (Teilzeit-)Veganer (oder Vegetarier). Ebenso könnten Sie die vegetarischen und veganen Angebote, die mehr und mehr im Lebensmittelhandel angeboten werden, testen. Vielleicht ist ja das eine oder andere dabei, das Ihnen und Ihrem inneren Schweinehund schmeckt.

Freitag gibt's Fisch

Fisch gilt seit langem als gesund – gesünder als Fleisch. Das hat aber auch Folgen für die Produktion, denn die weltweite Nachfrage ist enorm. Zahlreiche Fanggebiete sind überfischt, die Fangmethoden greifen massiv in die Ökosysteme ein, Fischarten sind vom Aussterben bedroht. Fischzuchten setzen oftmals Antibiotika ein. Da die Gesamtsituation hier etwas unübersichtlich ist und die eine Fischsorte – aus der Ostsee gefangen – bedenkenlos gegessen, aus der irischen See gefischt aber bedenklich ist, hilft mehr noch als anderswo ein Blick auf die gängigen Siegel:

- Für Zuchtfisch sichern die Siegel von Bioland, Naturland und das ASC-Siegel (Aquaculture Stewardship Council) die Einhaltung globaler Mindeststandards für Fischzuchten.
- Bei Wildfisch ist das MSC-Siegel (Marine Stewardship Council) eine Garantie für nachhaltigen Fischfang.

Und natürlich kann auch hier die Digitalisierung beim Einkauf helfen. So bietet zum Beispiel der WWF einen Fischratgeber an (fischratgeber.wwf.de oder auch im Appstore), der einen guten und schnellen Überblick über Dos und Don'ts des Fischkonsums gibt.

Was sonst noch hilft:

Nicht ohne meinen Einkaufszettel

Die Welthungerhilfe geht davon aus, dass weltweit jährlich rund 1,3 Milliarden Tonnen Lebensmittel weggeworfen werden – eine kaum vorstellbare hohe Zahl. Etwas konkreter ist diese Größenordnung: In Deutschland landen pro Kopf und Jahr 55 Kilogramm Lebensmittel im Müll.[53] Gründe dafür lassen sich natürlich schon in der Produktionskette finden, Probleme bei der Lebensmittelhygiene, bei der Kühlung, Transportschäden und so weiter. Auch in der Gastronomie werden Lebensmittel vernichtet. Darauf hat der Einzelne keinen Einfluss. Andere Faktoren, die – mittelbar – Lebensmittelverschwendung vermeiden, sind aber sehr wohl beeinflussbar:

- **Das fängt mit einer guten und durchdachten Einkaufsplanung an,** am besten mit dem guten alten Einkaufszettel (natürlich gerne auch digital, der Spieltrieb Ihres inneren Schweinehundes wird das unterstützen). Der spontane Gang durch den Supermarkt führt häufig dazu, dass der Einkauf von Sonderangeboten und Sondergrößen beeinflusst wird – alles auf den ersten Blick günstig, bei näherem Hinsehen stellt sich dann aber oft heraus, dass man mal wieder zielgenau am eigenen Bedarf vorbeigekauft hat … Und so verdirbt dann halt die dritte Paprika aus dem günstigen Dreierpack, weil man nur zwei gebraucht hat. Der bessere, langfristig günstigere, nachhaltige (und nur am Anfang etwas aufwändigere) Weg: Kurz überlegen, was in den kommenden Tagen auf dem Speiseplan steht, und dann gezielt und in der richtigen Menge einkaufen.
- **Lebensmittel mit kleinen Schönheitsfehlern kaufen** Schon klar: Makelloses Gemüse und Obst macht mehr her. Aber kleine Dellen,

die berühmte »krumme Gurke« oder Flecken auf der Zitronenschale wirken sich auf den Geschmack nicht aus. Vor allem wenn die Lebensmittel bald verbraucht werden oder sowieso kleingeschnippelt im Kochtopf landen, können Schönheitsaspekte vielleicht mal außen vor bleiben. Denn diese gemiedene Ware bleibt sonst liegen, wird aussortiert und vernichtet. Ein Mechanismus, den die »Bio-Helden«-Initiative des Lebensmitteldiscounters »Penny« gezielt zu durchbrechen sucht: Der Verkauf krummer Ware und solcher mit kleinen Schönheitsfehlern bewirkt nicht nur eine stärkere Berücksichtigung regionaler Hersteller, die oft wegen etwas ungünstigerer Produktionsbedingungen (zum Beispiel leichte Frostschäden) Probleme haben, makellose Früchte herzustellen. Entgegen vieler Vorhersagen wird diese Initiative auch sehr gut von den Kunden angenommen, so dass der Anteil der »krummen Ware« nach und nach erhöht werden konnte.[54]

Nicht gleich wegschmeißen

Typische Wegwerfkandidaten sind auch Lebensmittel, die kurz vor dem Ablauf des Mindesthaltbarkeitsdatums (MHD) stehen oder gerade eben abgelaufen sind. Auch wenn das viele eigentlich wissen: Der (knapp bevorstehende) Ablauf des MHD führt nicht automatisch zu einer Selbstvernichtung des Lebensmittels. Dieses Datum regelt rechtliche Rahmenbedingungen für den Verkauf und gibt an, wie lange das Lebensmittel »mindestens« hält. Es lohnt sich, nach Ablauf etwas genauer hinzusehen … hinzuriechen … hinzuschmecken … Und wenn dann nicht die Alarmglocken läuten, kann das Produkt noch bedenkenlos verspeist werden. Supermärkte bieten Ware mit kurzem MHD auch oft günstiger an (und manche verstecken Ware mit abgelaufenem MHD zwischen der anderen – aber das ist ein anderes Thema). Anders verhält es sich, wenn das Produkt ein Verbrauchsdatum trägt, wie es beispielsweise bei Frischfleisch oder Geflügel der Fall ist: Nach Ablauf dieses Datums muss das Lebensmittel dann tatsächlich vernichtet werden, da sonst das Risiko einer möglichen Gesundheitsgefährdung besteht.

Hamstern – aber richtig

Ein Grund für Lebensmittelverschwendung kann auch in falscher Lagerung liegen. Vorratshaltung ist ja grundsätzlich begrüßenswert, erfordert aber, dass die Vorräte auch richtig gelagert werden. Das fängt damit an, den Kühlschrank entsprechend seiner Temperaturzonen richtig einzuräumen (und die neu gekauften Lebensmittel nach Möglichkeit etwas weiter nach hinten zu packen, damit die älteren zuerst in den Blick kommen). Es erfordert auch, den Überblick über die Vorräte zu behalten. Und schließlich hilft es, sich ein wenig mit den Techniken der Haltbarmachung zu beschäftigen. Die einfachste ist natürlich das Einfrieren, aber auch Methoden wie Einkochen (vor allem Obst und Gemüse), Einlegen (zum Beispiel in Öl oder Essig) oder Fermentieren (wohl am bekanntesten: Sauerkraut) sind altbewährte Techniken.

Eigener Garten oder eigener Balkon

Wer die Möglichkeit hat, auf einen eigenen Garten oder zumindest auf den eigenen Balkon zuzugreifen, kann auch zum Selbstversorger werden – zumindest teilweise. Ackerbau ist nicht jedermanns Sache, und es stellen sich auch ein paar ganz praktische Fragen, an allererster Stelle: Wohin mit den 20 Kopfsalaten, wenn alle auf einmal erntereif sind und die Nachbarn keine dankbaren Abnehmer sind, weil sie auch alle Salat anbauen?

Aber Selbstversorgung kann ja auch im kleinen Maßstab funktionieren: Ein paar Tomatenstauden, ein Blumenkasten mit Küchenkräutern auf dem Balkon – etwas in diese Richtung. Vielleicht ist das dann noch nicht der ganz große Schritt zum nachhaltigen Leben, aber es schärft möglicherweise ein wenig den Blick und das Verständnis für die Zusammenhänge und obendrein macht es auch Spaß und Freude, etwas Selbstgezogenes auf dem Tisch zu haben.

**Ernährung – schweinehundegerechte Tipps für
mehr Nachhaltigkeit**

- Reduzieren Sie Ihren Fleischkonsum – nicht nur wegen der
  Umwelt, auch wegen Ihrer Gesundheit.
- Kaufen Sie vor allem bei Fleisch Qualität statt Menge – achten
  Sie auf Biosiegel.
- Probieren Sie mal ein veganes Restaurant aus – einfach nur so
  zum Test.
- Denken Sie beim Einkauf saisonal – kaufen Sie vor allem das,
  was vor Ort gerade reif ist.
- Denken Sie beim Einkauf regional – je kürzer der Weg zwischen
  Erzeuger und Verbraucher, desto besser.
- Vermeiden Sie vor allem Ware, die lange Flugstrecken hinter
  sich hat (zum Beispiel exotische Früchte).
- Kaufen Sie möglichst »Bioprodukte« – das sichert die Einhaltung
  bestimmter Mindeststandards im Produktionsprozess.
- Achten Sie auch und vor allem beim Fischkauf auf Siegel, um
  Nachhaltigkeit zu gewährleisten.
- Planen Sie Ihren Einkauf, schreiben Sie eine Einkaufsliste – das
  vermeidet Spontankäufe, die später mangels Verwendungs-
  möglichkeit im Müll landen.
- Kaufen Sie auch Lebensmittel mit kleinen Schönheitsfehlern.
- Werfen Sie abgelaufene Lebensmittel nicht gleich weg – oft
  halten sie länger, als das Mindest(!)haltbarkeitsdatum suggeriert.
- Lagern Sie Ihre Vorräte richtig – im Kühlschrank wie im Vorrats-
  schrank. Und behalten Sie den Überblick über die Vorräte, das
  erspart Doppelkäufe.
- Stellen Sie an der einen oder anderen Stelle auf Selbstversorgung um – zum Beispiel ein kleines Beet im Garten oder ein
  Kräuterkasten auf dem Balkon.

4.
Einkauf und Konsum: Schweinehundegerechte Tipps für mehr Nachhaltigkeit

Konsum bedeutet Wachstum, und das ist ja aus gesamtwirtschaftlicher Sicht erst einmal positiv. Auch innere Schweinehunde haben ein Faible für neue Dinge, die zumindest vorübergehend gute Gefühle versprechen. Unter Nachhaltigkeitsgesichtspunkten ist dieses Wachstum aber möglicherweise teuer erkauft.

Denn ungezügelter Konsum hat Nebenwirkungen. An erster Stelle steht dabei der Ressourcenverbrauch: Neue Güter müssen hergestellt werden, dabei werden Rohstoffe aufgewendet, die häufig nicht einfach so nachwachsen. Und auch wenn es an vielen Stellen Recycling und Kreislaufwirtschaft gibt: Der konsumbedingte Rohstoffverbrauch ist immens. An zweiter Stelle stehen die Kosten der Entsorgung: Die alten Dinge müssen irgendwo hin, im Zweifel in den Müll.

Natürlich können wir Verzicht üben – aber das macht dann auch keine Freude. Oder wir stellen unser Konsumverhalten mal auf die Probe – und merken dabei, dass sich auch hier mit einfachen Mitteln einiges nachhaltiger gestalten lässt. Hier ein paar schweinehundegerechte, weil einfach umsetzbare Tipps.

Nur bei Bedarf ...

Konsum ist häufig Impulssache und entsteht aus dem Augenblick – der innere Schweinehund wird sagen: Ich konnte nicht anders, die Werbung hat mich verführt. Das ist letztlich das Prinzip hinter den sorgsam drapierten realen oder digitalen Warenwelten, die uns suggerieren: Das ist genau das, was du brauchst, um glücklich(er) zu sein – auch wenn du eigentlich schon alles hast. Wer ABC gekauft hat, hat sich auch für DEF interessiert, könnte also auch was für dich sein. Aber natürlich können wir dem etwas entgegensetzen, die Werbung macht uns ja nicht zu willenlosen Wesen. Vor jedem Kauf hat jeder die Möglichkeit, kurz innezuhalten und sich zu fragen: Brauche ich das wirklich? Und brauche ich es jetzt in diesem Moment? Das muss nicht jedes Mal funktionieren, aber wenn auf diese Weise zwei von drei Impulskäufen vermieden werden, verringert das den Konsumfußabdruck schon ganz erheblich.

Gerne online – aber überlegt

Der Onlinehandel ist eine zwiespältige Angelegenheit. Unglaublich praktisch, schnell, bequem, oft unverschämt günstig … aber eben auch sehr ressourcenzehrend und – wegen der Transportwege – kohlendioxidintensiv, mit oft zerstörerischer Wirkung für den stationären Handel vor Ort. Und dann kommt noch das Problem der Unmengen an Warenrücksendungen dazu, die häufig nicht mal mehr in den Warenkreislauf zurückkehren, sondern vernichtet werden. Der Gedanke hinter dem bedingungslosen Widerrufsrecht, nämlich den Kauf möglichst risikolos zu gestalten, mag gut sein. In der Praxis allerdings wird dieses Widerrufsrecht mehr und mehr zum Nachhaltigkeitskiller.

Auch beim Kauf im Internet sollte daher vor dem Klick auf den »Jetzt kaufen«-Button die Frage stehen: »Brauche ich das wirklich?« Und nicht der Gedanke: »Kann ich ja zurückschicken.« Und natürlich gibt es auch im Onlinehandel Initiativen, die dem Thema Nachhaltigkeit einen hohen Stellenwert einräumen. Ein Beispiel ist das Unternehmen avocadostore.de – eine Art »grünes Amazon«.[55] Suchkriterien sind hier nicht nur die Warengruppen, sondern auch Kriterien wie »vegan«, »recycelt«, »ressourcenschonend« oder »CO_2-sparend«. Kaum eines der Produkte kann alle zehn Kriterien, nach denen gefiltert werden kann, erfüllen, aber diese Ambivalenz nachhaltiger Lebensweise steckt bereits im Namen des Stores: Schließlich ist die Avocado, so gesund sie auch ist, ein großer Ressourcenfresser in Sachen Wasserverbrauch. Und so wird auch dieser Shop nicht alle

Probleme unseres (Online-)Konsumverhaltens lösen können, aber er stellt eine wichtige und nachhaltige Variante zu den klassischen Angeboten dar.

Siegelbewusst shoppen

Ähnlich wie bei den Lebensmitteln sind auch beim sonstigen Konsum Siegel nicht stets ein Garant für maximale Nachhaltigkeit und Umweltverträglichkeit. Aber sie sind gute Leitplanken, an denen man sich täglich orientieren kann. Eines der wichtigsten ist das *Fair-Trade-Siegel* (https://www.fairtrade-deutschland.de/), das seit 1992 fair angebaute und gehandelte Produkte kennzeichnet. Kriterien sind neben einem schonenden Umgang mit der Umwelt und den Ressourcen auch die Einhaltung von Arbeitnehmerrechten, die Einhaltung von Arbeitsschutzbestimmungen, das Verbot von Kinder- und Zwangsarbeit sowie die Zahlung fairer Preise in der gesamten Lieferkette. Es gibt eine ganze Reihe weiterer Fairtrade-Siegel, die sich auf einzelne Produktgruppen oder Rohstoffe beziehen – Details dazu finden Sie unter https://www.fairtrade-deutschland.de/was-ist-fairtrade/fairtrade-siegel.html. Im Konsumalltag können diese Siegel bei beinahe allen Produkten eine Rolle spielen, besondere Bedeutung kommt ihnen aber wegen der oftmals problematischen und ausbeuterischen Produktionsbedingungen bei Kaffee, Tee, Schokolade, Bananen und Schnittblumen zu.

Besondere Bedeutung hat dabei der Blick auf das Siegel beim Kauf von Sojaprodukten. Der Sojaanbau hat vor allem in Südamerika erhebliche Auswirkungen auf den Regenwaldbestand. Der enorme Platzbedarf für die Felder wird durch Regenwaldrodung befriedigt, der Anbau in Monokulturen erfordert den hochdosierten Einsatz von Schädlingsbekämpfungsmitteln. Wer beim Kauf entsprechender Sojaprodukte auf das Label »gentechnikfrei« achtet, wird im Regelfall Soja aus europäischem Anbau erhalten – vermutlich etwas teurer, jedenfalls aber nachhaltiger.

Und zuletzt spielt auch das Thema Plastik und Mikroplastik (siehe dazu auch S. 21) bei Kaufentscheidungen eine zentrale Rolle, wenn es um nachhaltigen Konsum geht. Wer auf völlig plastikfreie Produkte setzen will, kommt an dem Flustix-Siegel nicht vorbei (www.flustix.com), das zumindest derzeit als einziges Siegel garantiert, dass das Produkt zu 100 Prozent plastikfrei ist. Freilich: Es hat noch (sehr) wenig Verbreitung. Vor allem Discounter und Drogeriemärkte setzen zunehmend auf Eigensiegel für mikroplastikfreie Produkte, die sich zum Teil an den Vorgaben des BUND orientieren, teilweise aber auch eigene Kriterien aufstellen – sodass einzelne Siegel nicht immer völlige Plastikfreiheit garantieren.

Des Kaisers neue Kleider

Zugegeben: Wenn man sich ein wenig länger mit den Auswirkungen des Textilkonsums beschäftigt, kann man schon zu dem Ergebnis kommen, dass die Variante aus »des Kaisers neue Kleider« – nämlich gar nichts anzuziehen – die umweltschonendste und nachhaltigste ist. Sie kollidiert jedoch in unseren Breiten ein wenig mit den gesellschaftlichen Konventionen und zuweilen auch mit den klimatischen Bedingungen. Innere Schweinehunde haben es da als (zumindest teilweise) Fellträger etwas einfacher.

Das Ausgangsproblem bei den Textilien ist einmal mehr der Preis. Das T-Shirt für 3,99 Euro, die Jeans für 39,90 Euro, ein ganzer Anzug für 99,99 Euro – verdienen wollen und müssen daran: der Einzelhandel, der Großhandel, der Transporteur, der oder die Hersteller, der einzelne Arbeiter an der Nähmaschine, der Rohstoffhersteller, dessen Personal … Steuern sind dabei noch nicht berücksichtigt. Baumwolle als Rohstoff einer Vielzahl von Textilien ist allerdings ein ziemlich aufwändiges und ressourcenzehrendes Produkt. Die Verarbeitungsschritte von der Pflanze bis zum fertigen Garn sind zahlreich und meist Handarbeit, die Baumwollpflanze braucht enorm viel Wasser und ist aufgrund des Anbaus in Monokulturen anfällig für Schädlingsbefall, was wiederum den Pestizideinsatz in die Höhe treibt. Wenn dann also das T-Shirt für 3,99 Euro bei uns im Handel ist, kann man mit ziemlicher Sicherheit sagen, dass dieser Verkaufspreis die wahren Kosten der Produktion nicht deckt. Den Preis dafür zahlen andere – spektakulär wie beim Einsturz einer Textilfabrik 2013 in Bangladesch oder gänzlich unspektakulär und ganz alltäglich durch miserable Arbeitsbedingungen in den Textilfabriken weltweit. Auf die T-Shirt-Preise hat das keine großen Auswirkungen ...

Was tun? Einmal mehr kann der Konsument vor allem durch sein Konsumverhalten Veränderungen erzwingen. Und da gibt es eine Reihe wirksamer Ansatzpunkte:

- Beim Kauf auf Qualität achten, lieber etwas weniger und etwas teurer kaufen, die Sachen dafür dann aber länger tragen – und später gegebenenfalls wieder dem Secondhandhandel zuführen. Es gilt: Je länger die Tragedauer einer Textilie, desto besser ihre Ökobilanz. Auch der Kauf einiger »zeitloser« Stücke kann dazu beitragen, deren Lebensdauer zu erhöhen. Das schließt ja nicht aus, dass auch ein paar aktuelle Modestücke mit dabei sind, aber vielleicht liegt die Kunst mehr im geschickten Kombinieren als im halbjährlichen Neukauf.
- Das Siegel »Biobaumwolle« sichert die Einhaltung gewisser ökologischer Mindeststandards beim Anbau zu, zum Beispiel der Verzicht auf Gentechnik oder auf schädliche Monokulturen. Worüber keine Aussage getroffen wird: die Umstände der Weiterverarbeitung, zum Beispiel in den Textilfabriken. Hier können aber weitere Siegel wie das Fair-Trade-Zeichen, das Siegel GOTS (Global Organic Textile Standard) oder Öko-Tex helfen. Unter www.label-online.de finden Sie eine Übersicht über die gängigen Kennzeichnungen der Textilbranche. Übrigens: Nicht immer sind bekannte Marken und ein hoher Preis Garant für Umweltverträglichkeit oder Nachhaltigkeit. Allerdings erkennen immer mehr Hersteller, dass diese Faktoren ein wichtiges Verkaufsargument darstellen und rüsten nach.
- »Bügelfreie«, »schmutzabweisend« oder »antibakteriell« ausgestattete Textilien sind oft chemisch besonders intensiv oder mit Kunststoff behandelt, und das kann auf Kosten der Umwelt geschehen. Wer hier auf Nummer sicher gehen will, sollte derart beworbene Stücke besser meiden.
- Pelzbesatz ist generell ein schwer einzuschätzendes Thema. Klar: Echtpelz muss wegen der Bedingungen auf den Zuchtfarmen so-

wieso vermieden werden. Leider kann aber das Ausweichmanöver auf Kunstpelz (»Kunstfell«, »Fake Fur«) auch schiefgehen. Denn mehrmalige Feldforschungen des Deutschen Tierschutzbundes haben ergeben, dass die an sich notwendige Deklaration echter Fellprodukte (»nichttextile Bestandteile tierischen Ursprungs«) oft nicht korrekt erfolgt. Anders gesagt: Wo angeblich Kunstpelz dran sein soll, findet sich öfters auch echter Pelz – ganz einfach deshalb, weil dieser inzwischen häufig günstiger zu haben ist als aufwändig hergestellter Kunstpelz. Es gibt ein paar Methoden, um Anhaltspunkte für die Unterscheidung zwischen echtem Pelz und Kunstpelz zu erhalten.[56] Aber wer ganz sichergehen will, sollte – getreu dem Motto: Wo keine Nachfrage, da kein Angebot – auf Fell und Pelz verzichten, egal ob echt oder fake.

Palmöl reduzieren

Ein eigenes Unterkapitel für einen einzelnen Bestandteil? Ja, und zwar aus zwei Gründen: Zum einen ist Palmöl in unzähligen Produkten enthalten, in Lebensmitteln, Kosmetikprodukten oder Wasch- und Reinigungsmitteln. Es ist billig, schnell zu gewinnen und vielseitig einsetzbar. Zum anderen aber wirft der Anbau von Palmöl (ähnlich wie der von Soja) große Probleme auf, denn auch für den immensen Bedarf an Palmöl wird Regenwald gerodet, um Plantagen anzulegen.

Palmölkonsum zu vermeiden oder zumindest reduzieren, ist allerdings gar nicht so einfach – eben weil es in so vielen Alltagsprodukten steckt. Das beginnt schon mit der Kennzeichnung. Zwar müssen seit 2014 Lebensmittel, die Palmöl enthalten, ausdrücklich gekennzeichnet werden. Bei anderen Produktgruppen ist es aber etwas schwieriger. Bezeichnungen wie »Sodium Palm Kernelate«, »Palmate« oder »Palmitate« weisen auf Palmöl hin. Damit die Suche im Supermarktregal nicht zu lange dauert, kann einmal mehr auf digitale Helfer zurückgegriffen werden: Die App »Codecheck« scannt den Barcode jedes Produktes und listet sämtliche Bestandteile auf, gewichtet nach Gefährlichkeit und Bedenklichkeit. Auch diesmal wird der Spieltrieb Ihres inneren Schweinehundes möglicherweise die Anwendung forcieren.

Eine Auflistung palmölhaltiger Inhaltsstoffe finden Sie außerdem unter diesem Link: www.umweltblick.de/index.php/downloads/item/deklarationen-von-palmoel.

Denn nur was richtig sauber ist …

… kann richtig glänzen. Der Putzmittelkauf im Super- oder Baumarkt kann heute schon mal zu einer eher wissenschaftlich angehauchten Angelegenheit werden. Es gibt kaum eine Schmutzart, die nicht ihr eigenes Bekämpfungsmittel hat. Braucht's das? Vielleicht. So richtig nachhaltig ist es aber nicht: Denn darin stecken viele, zum Teil problematische und umweltbelastende Inhaltsstoffe, von den Unmengen an Plastikverpackungen, in denen all die Mittelchen abgefüllt werden, ganz zu schweigen.

Natürlich gibt es schon seit vielen Jahren Marken, die sich Umweltverträglichkeit und Nachhaltigkeit auf die Etiketten geschrieben haben, und wer zu diesen Produkten greift, macht sicher vieles richtig.

Wer in diesem Bereich noch mehr tun will, ist gut beraten, zu Uromas Hausmitteln zu greifen. Wie so oft bietet auch hier das Internet eine Fülle von Ratschlägen (beispielsweise mit den Suchbegriffen »Putzmittel selbst machen«), die Wirksamkeit im Einzelnen muss sicher jeder selbst überprüfen. Der Kostenaufwand ist allerdings gering, da die Zusatzstoffe billig sind. Und ohne Anspruch auf Vollständigkeit hier ein kurzer stichwortartiger Überblick über ein paar bewährte Helfer, die viele Standardreiniger ersetzen können:

- **Zitronensäure** Ist mein persönlicher Favorit beim Entkalken des Wasserkochers: einfach ein Beutelchen – 5 Gramm – im vollen Wasserkocher aufkochen.
- **Natron** ist vielfältig einsetzbar, zum Beispiel als Backofenreiniger oder Rohrreiniger.
- **Essig oder Essigessenz** ersetzt eine Vielzahl von Haushaltsreinigern, zum Beispiel im Bad.
- **Soda** ist als Fettlöser vor allem in der Küche nützlich, zum Beispiel am Herd.

An meine Haut lasse ich nur Wasser ...

Das wäre möglicherweise die umweltverträglichste Variante, genügt aber den Pflegeansprüchen der allermeisten Menschen eher nicht mehr. Sogar innere Schweinehunde können ja etwas eitel sein und verwöhnen sich und ihr Fell gerne mal. Andererseits sind die Inhaltsstofflisten von Kosmetikprodukten schon auch kryptisch und mehr als unverständlich. Gut: Dass »Aqua« für Wasser steht, ist offensichtlich. Dass sich aber hinter dem Bestandteil »Sodium Lauryl Sulfoacetate« Palmöl verbergen *kann* (aber nicht notwendigerweise muss), ist eher unbekannt.

In zahlreichen Kosmetikprodukten finden sich außerdem das problematische Mikroplastik und unter Umständen ebenso problematische hormonell wirksame Bestandteile. Einmal mehr kann die App »Codecheck« ein bisschen Klarheit ins Wirrwarr der Produktbestandteile bringen.

Natürlich lassen sich Kosmetikprodukte selbst herstellen. Muss aber nicht sein. Nachhaltige, haut- und umweltschonende Naturkosmetika, bei denen auf den Zusatz problematischer Farb-, Duft- und Konservierungsstoffe verzichtet wird, gibt es auch beim Discounter oder im Drogeriemarkt (oft als Eigenmarken) und natürlich in Apotheken, Drogerien, Parfümerien oder im Bioladen. Da Kosmetik und Körperpflege ja eine sehr persönliche Angelegenheit sind, muss jeder für sich ausprobieren und entscheiden, inwieweit klassische Produkte durch nachhaltigere ersetzt werden können.

Einkauf und Konsum – schweinehundegerechte Tipps für mehr Nachhaltigkeit

- Fragen Sie sich vor jedem Kauf: Brauche ich das wirklich? Brauche ich es gerade jetzt?
- Nutzen Sie das Widerrufsrecht im Onlinehandel nicht als »nachgelagerte Kaufentscheidungshilfe« – kaufen Sie auch hier nur das, was Sie tatsächlich behalten wollen.
- Nutzen Sie Onlineversandhäuser, die auf Nachhaltigkeit achten (zum Beispiel avocadostore.de)
- Achten Sie beim Einkauf auf Siegel, die für nachhaltiges Wirtschaften stehen (zum Beispiel Fair Trade oder Öko Tex).
- Kaufen Sie lieber etwas weniger und teurer, achten Sie auf Qualität.
- Nutzen Sie Gekauftes (zum Beispiel Kleidung) länger, das verbessert die Nachhaltigkeitsbilanz.
- Ermöglichen Sie abgelegten Kleidungsstücken (und anderen Konsumgütern) über den Secondhandhandel ein »zweites Leben«.
- Vermeiden Sie den Kauf »bügelfreier« oder »schmutzabweisender« Kleidungsstücke.
- Verzichten Sie generell auf Pelz, egal ob echt oder »fake«.
- Reduzieren oder vermeiden Sie, wo immer möglich, den Einsatz von Palmöl – in Lebensmitteln, Kosmetika, Wasch- und Reinigungsmitteln.
- Wählen Sie bei Putzmitteln Marken, die Wert auf Nachhaltigkeit und Umweltverträglichkeit legen.
- Weichen Sie auch auf »Uromas Hausmittel« aus – zum Beispiel Soda oder Zitronensäure.
- Ziehen Sie nachhaltig hergestellte, haut- und umweltfreundliche Naturkosmetika solchen mit unklarer Zusammensetzung vor.

5.
Plaste und Elaste: Schweinehundegerechte Tipps für mehr Nachhaltigkeit

Wer in Landkreisen oder Gemeinden, in denen der Plastikmüll in den sogenannten »gelben Säcken« gesammelt wird, am Tag der Abholung durch die Straßen geht, staunt vielleicht manchmal über die gelben Gebirge, die da so herumliegen. Vor manchen Mehrfamilienhäusern türmen sich die Säcke meterhoch auf. An diesen gelben Säcken wird alle ein bis zwei Wochen sichtbar, welche Massen an plastikhaltigem Müll täglich produziert werden. Weltweit werden jährlich über 340 Millionen Tonnen Kunststoff produziert, auf den Wirtschaftsraum der Europäischen Union entfallen davon rund 60 Millionen Tonnen.[57]

Unbestritten haben Kunststoffe viele guten Eigenschaften. Letztlich stecken sie in beinahe allen Bereichen unseres Lebens, in der Energieversorgung, im Lebensmittelbereich, im Gesundheitswesen, in Kommunikation und Verkehr. Sie helfen, das Leben sicherer zu machen oder eben auch weniger umweltschädlich, wenn sich zum Beispiel durch den Einsatz von Kunststoffen Gewicht sparen lässt und auf diese Weise der Treibstoffeinsatz reduziert werden kann. Ein Leben ohne Kunststoffe würde also schlicht nicht mehr funktionieren.

Dieser positiven Bilanz steht allerdings ein großes Aber gegenüber, und das betrifft das Problem der Entsorgung. Auch hier wieder ein paar Zahlen: Jährlich fallen in Deutschland rund 6 Millionen Tonnen Kunststoffabfall an, davon rund 5 Millionen Tonnen aus privaten Haushalten, und davon sind wiederum circa 60 Prozent Verpackungsmaterialien. Deutschland hat eine im internationalen Vergleich sehr gute Sammelquote: 90 Prozent der Kunststoffabfälle werden gesammelt (was auf der anderen Seite aber auch bedeutet: 10 Prozent landen in der Umwelt!). Aber Sammeln ist nicht gleich recyceln. Da liegt die Quote bei (immer noch beachtenswerten) gut 40 Prozent, der Rest wird »thermisch verwertet«, also verbrannt.

Kunststoffe sind eigentlich ein wertvoller Rohstoff, aber eine Recyclingquote von 40 Prozent ist natürlich von einer Kreislaufwirtschaft noch weit entfernt. Der Grund für die mangelnde Recyclingfähigkeit liegt vor allem in der Verwendung von Mischkunststoffen, die gar nicht oder nur unter hohem Energieeinsatz in ihre Bestandteile zerlegbar sind.

Herstellen – einsammeln – recyceln oder verbrennen; Auf diese Weise landet Plastikmüll zumindest nicht in der Umwelt. Weltweit allerdings sieht das anders aus. Unmengen von Abfällen aus Kunststoff landen auf Deponien, im Meer oder in Binnengewässern, und dort wird dann der große Vorteil des Plastiks – seine Haltbarkeit – zum größten Nachteil. Allein die Anrainerstaaten des Mittelmeeres befördern jährlich mehr als eine halbe Million Tonnen Plastik ins Mittelmeer – das entspricht pro Minute einem Einwurf von 33.800 Kunststoffflaschen![58] Plastik aber ist kein Biomüll, der innerhalb einiger Wochen verrottet. Es dauert zwischen Jahrzehnten und Jahrhunderten, bis sich Kunststoff in der Umwelt in immer kleinere Teilchen zersetzt. Dabei werden zum einen fortlaufend gesundheitlich bedenkliche Zusatzstoffe wie Weichmacher freigesetzt, die nachgewiesenermaßen krankmachenden Einfluss auf Mensch und Tier haben. Die Teilchen, in die sich Kunststoffe zersetzen, gelangen zum anderen als Mikroplastik zum Beispiel über das Grundwasser in die Nahrungskette und reichern sich an Stellen an, an denen man eigentlich keinen Kunststoff haben will. So wird man den Kunststoff, den man rief, nie mehr so richtig los. Ein teuflischer Kreislauf.

All diese Probleme sind natürlich nicht neu und an einigen Stellen werden Lösungen entwickelt, die allerdings nur bedingt funktionieren.

- **Recycling** wäre im Sinne einer Kreislaufwirtschaft eigentlich das Beste, stößt aber bei Kunststoff auf technische Probleme. Das betrifft zum einen die vielen Mischkunststoffe, die sich nicht mehr in ihre Ausgangsstoffe trennen lassen und daher allenfalls noch für minderwertige Produkte (Putzlappen oder Dämmmaterial) eingesetzt werden können. Generell ist der Energieeinsatz für das chemische Kunststoffrecycling sehr hoch, so dass der Nachhaltigkeitseffekt erst dann einsetzt, wenn große Mengen der Energie aus erneuerbaren Quellen stammen. Und solange Öl als Grundstoff von Plastikprodukten billig ist, besteht auch für die Industrie oft kein großes Interesse, in die meist teurere Kreislaufwirtschaft zu investieren.

- **Biokunststoffe** werden unter anderem aus pflanzlichen Bestandteilen wie Zucker, Kartoffeln oder Mais hergestellt und können eine ernstzunehmende Alternative zu herkömmlichen Plastikarten darstellen. Die Kennzeichnungen sind zum Teil irreführend, aber wenn auf einem Kunststoff »bio« steht, muss er entweder auf nachwachsenden Rohstoffen basieren (also nicht Erdöl) oder biologisch abbaubar sein. An dieser Stelle hakt es allerdings oft, da diese Biokunststoffe sich zwar zersetzen, dafür aber besondere Bedingungen benötigen wie zum Beispiel hohe Temperaturen, die auf einem normalen Komposthaufen oder in gewerblichen Kompostieranlagen nicht erreicht werden. Im Ergebnis landen daher viele Produkte aus Biokunststoff doch wieder in der Müllverbrennung, was die Nachhaltigkeitsbilanz empfindlich stört.
- **Recycling im Kleinen** Ja, auch das kann funktionieren – den Plastikmüll vermeiden, indem dezentral Kunststoffe recycelt und zu neuen Produkten verwertet werden. Die Initiative »precious plastic« zum Beispiel fördert weltweit die Einrichtung vieler kleiner Werkstätten, in denen mittels relativ einfacher Maschinen Kunststoffe zu neuen Produkten »upgecycelt« werden. Angesichts der Unmengen an Plastikmüll, der jährlich weltweit anfällt, sieht das nach einer Sisyphusarbeit aus, und eine derartige Initiative wird das Müllproblem nicht alleine lösen, aber sie kann Beispiel und Anreiz für weitere ähnliche Vorhaben sein,

Das Gebot der Stunde: Plastik sparen

So richtig wirksam im Kampf gegen den Kunststoffmüll dürfte wohl bis auf weiteres nur die Strategie »refuse and reduce« sein: Den Gebrauch von Plastik einzusparen, wo immer es geht. Dabei zeigt sich: Es gibt einige Bereiche, in denen das besonders einfach, aber auch besonders wirksam ist, weil relativ leicht große Mengen Kunststoff eingespart werden können. Und wo es leicht geht, macht ja bekanntlich auch der innere Schweinehund gerne mit. Hier nun also eine Reihe von Tipps, mit denen Sie den Einsatz von Kunststoffen im Alltag reduzieren können.

Einkaufen nur mit Stoff

Das ganz Offensichtliche zuerst: **Auf Plastiktüten verzichten.** Als klassisches Wegwerfprodukt sind Einkaufstüten im Durchschnitt nur 20 Minuten in Benutzung und werden dann weggeworfen – wenn sie nicht im gelben Sack landen, belasten sie die Umwelt dann Jahrzehnte. Dabei ist Abhilfe maximal einfach: Stofftaschen oder der gute alte Einkaufskorb sind der beste Ersatz. Auch Mehrwegtaschen aus recycelten Kunststoffen haben eine vertretbare Ökobilanz – je öfter sie wiederverwendet werden, desto besser. Papiertüten sind für Spontankäufe, bei denen keine anderen Transportmöglichkeiten vorhanden sind, natürlich in Ordnung, aber auch bei der Papierherstellung werden Ressourcen verbraucht, neben dem offensichtlichen Holz vor allem (verstecktes) Wasser. Der seit 2016 bestehenden Selbstverpflichtung des Handels zur Reduzierung von Plastikbeuteln folgt nun – voraussichtlich ab Anfang 2021 – ein gesetzliches Verbot bestimmter Arten von Einmaltüten. Die Entscheidung zum Verzicht wird einem hier also etwas einfacher gemacht.

Es geht auch ohne Hemdchentüte

Nicht erfasst vom geplanten Verbot werden allerdings Plastikbeutel mit weniger als 15 Mikrometer Wandstärke – das sind die sogenannten »Hemdchentüten«, in die zum Beispiel Obst an der Selbstbedienungstheke eingepackt wird. Begründet wird dies mit der schwierigen Ersatzbarkeit dieser Verpackungen, mit hygienischen Gründen und der Gefahr, dass sonst andere Arten von Vorverpackungen in den Handel kommen, die wiederum schwer zu entsorgen sind.

Dies sind natürlich alles beachtenswerte Gründe, dennoch kann jeder Einzelne versuchen, beim Einkauf auch auf diese Plastikhelfer zu verzichten. So bieten Discounter seit einiger Zeit wiederverwendbare Stoffnetze an, in die loses Obst und Gemüse eingepackt werden kann. Auch (wiederverwendete) Papierbeutel sind eine Alternative. Und zuletzt spricht nichts dagegen, drei Äpfel auch einfach mal unverpackt in den Einkaufskorb zu legen – auch wenn das an der Kasse beim Abwiegen möglicherweise auf ein wenig Unverständnis stößt …

Besser ohne Verpackung

Verpackungsmüll macht rund 60 Prozent des gesamten Plastikmüllaufkommens in Deutschland aus. Und wer sich anschaut, mit wie viel Sorgfalt Lebensmittel oft (mehrfach) eingepackt sind, wird leicht erkennen, dass sich da die eine oder andere Schicht einsparen lässt. Ganz einfach fällt das oft auf lokalen Wochen- oder Bauernmärkten, dort sind viele Waren sowieso lose und können in mitgebrachte Taschen verstaut werden. Beim Discounter ist die Situation etwas schwieriger, in der Obst- und Gemüseabteilung lässt sich noch am ehesten Verpackung sparen. In vielen Städten gibt es mittlerweile sogenannte Unverpacktläden, Geschäfte, die alles, was sich dafür eignet, als lose Ware anbieten und in wiederverwendbare Boxen, Beutel oder Schraubgläser abfüllen. Eine Internetrecherche mit dem Schlagwort »Unverpacktladen« führt zu den Geschäften in der Nähe.

Aber auch wer nicht auf solche speziellen Läden zugreifen kann,

kann verpackungssensibel einkaufen: Oft gibt es vergleichbare Produkte mit unterschiedlichen Verpackungsarten: Karton oder Plastik; mehrfach eingepackt oder nur einfach. Der Griff zum günstigsten oder am günstigsten platzierten Produkt muss insofern nicht immer der zum umweltverträglich eingepackten sein. Waschpulver in Kartonverpackungen mag zwar etwas unhandlicher sein, ist aber häufig ergiebiger als Flüssigwaschmittel in Plastikflaschen. Und besonders bei Süßigkeiten gibt es wirklich »interessante« Kreationen, bei denen Hersteller neben dem (eingeschweißten) Umkarton noch jede Praline einzeln in Kunststoff verpacken. Da wäre weniger definitiv mehr.

Einige Bedienungstheken bei Discountern oder auch örtliche Metzgereien bieten die Möglichkeit, Frischwurst, Käse und Wurstwaren in mitgebrachte Boxen zu füllen. Das wirft allerdings oft hygienische Fragestellungen auf, da diese Boxen nicht über die Theke gereicht werden dürfen. Einsparen kann man damit aber jedenfalls eine weitere Schicht Umverpackung.

… oder Mehrweg

Eine sinnvolle Möglichkeit, Verpackungsmüll zu reduzieren, ist der **Rückgriff auf Mehrwegverpackungen**. Nicht immer muss es die Plastikflasche oder der Tetrapack sein: Milch und Milchprodukte sind häufig auch in Mehrwegglasflaschen zu haben, dasselbe gilt für Getränke. Freilich: Das setzt im Regelfall eine einfache Transportmöglichkeit nach Hause voraus, möglichst ohne zu lange Wege, denn Glas schleppt sich ziemlich. Im Zweifel fährt man dann also doch wieder mit dem Auto …

Der Klassiker bei den Einmalverpackungen ist natürlich die PET-Mineralwasserflasche. PET: Polyethylen, ein unter gesundheitlichen Gesichtspunkten an sich unbedenklicher Kunststoff, freilich nur solange, wie keine problematischen Zusatzstoffe wie Weichmacher verwendet werden. Grundsätzlich spricht nichts dagegen, den täglichen Wasserkonsum völlig abzukoppeln vom wöchentlichen Einkauf – denn das Wasser kommt sowieso ins Haus. In Deutschland hat **Leitungswasser** durchweg Trinkwasserqualität, es wird mehrfach am Tag untersucht (denn das schreiben die Regularien für die Wasserwerke vor), oft enthält es sogar zahlreiche Mineralien und kann damit dem gekauften Mineralwasser in der einen oder anderen Hinsicht überlegen sein. Entsprechende Analysen können Sie übrigens bei Ihrem Wasserversorger anfordern.

Eine kleine Einschränkung kann sich aus der Hausinstallation ergeben: Wo in alten Gebäuden noch Bleirohre verlegt sind, ist es ratsam, die Wasserqualität testen zu lassen. In Deutschland ist die Verwendung allerdings spätestens seit dem Jahr 1973 verboten, in einigen Teilen Deutschlands (vor allem im Süden) schon seit Ende des vorletzten Jahrhunderts. Sehr wahrscheinlich ist es also nicht, dass Sie noch auf Blei stoßen. Generell ratsam ist es, vor dem Genuss von Leitungswasser die Leitung kurz durchzuspülen, sofern längere Zeit davor nicht gezapft wurde – das sogenannte »Stagnationswasser« sollte ablaufen, bis das Wasser kühl aus der Leitung kommt.

Sollten Sie mit Kohlensäure versetztes Wasser vorziehen, gibt es Wassersprudlersysteme, die aus stillem Leitungswasser Sprudel machen. Diese Systeme müssen allerdings gut gepflegt werden – vor allem die Flaschen, aber auch Dichtungen können sich zu Brutstätten für Keime und Bakterien entwickeln Nicht immer ist dann das Leitungswasser schuld! Verbraucherzentralen empfehlen, das Wasser vom Vortag für die Blumen zu verwenden und täglich neues herzustellen.

Und wenn es doch Mineralwasser aus der Flasche sein soll? Dann wäre immerhin noch zu bedenken, dass es auch dort Mehrwegsysteme gibt, und zwar sowohl Glas wie auch PET. Und hier kommt es zu dem auf den ersten Blick verwirrenden Ergebnis, dass die PET-Mehrwegflasche die nachhaltigere Alternative gegenüber Glas ist. Zwar wird die Plastikflasche nur 25 Mal wiederbefüllt, bei Glas sind es bis zu 50 Zyklen. Aber: Die PET-Flasche ist wesentlich leichter, ihr Transport verbraucht daher weniger Sprit – und so spricht die Gesamtbilanz eben für die PET-Flasche. Bei der Einmalflasche ist es dann übrigens genau umgekehrt, hier ist Glas klar im Vorteil.

Frisch ohne Folie

Der Küchenbereich ist in vielerlei Hinsicht von Kunststoffen durchsetzt (man denke nur an Kochlöffel und Schneidbretter), ist doch Plastik dem klassischen Werkstoff Holz hygienisch vermeintlich voraus. Diese Diskussion wird manchmal mit missionarischem Eifer geführt. Eines jedoch ist relativ einfach ersetzbar: Frischhaltefolie aus Plastik.

In manchen Fällen wird man auf verschließbare Dosen aus Edelstahl oder Glas zurückgreifen können. Es lohnt sich sowieso, entsprechende Dosensätze in verschiedenen Größen in der Küche zu haben, um zum Beispiel Speisereste aufzubewahren. Eine weitere Alternative zur Kunststofffolie stellen (selbstgemachte) Wachstücher dar. Beim Selbstmachen wird der innere Schweinehund möglicherweise etwas grummeln, da die Herstellung dann doch etwas aufwendiger ist und sich seiner Ansicht nach möglicherweise eher für die Neigungsgruppe Handarbeit eignet. Wenn Sie es doch mal mit ihm zusammen ausprobieren wollen: Anleitungen finden Sie im Internet. Aber es gibt diese Wachstücher auch käuflich zu erwerben, zum Beispiel unter den Markennamen »Bee's Wrap« oder »Jausnwrap«, und da hat dann kein innerer Schweinehund etwas dagegen.

Nachhaltig werken

Auch wenn Kunststoff an einigen Stellen unter hygienischen Gesichtspunkten als Werkstoff in der Küche punkten kann: Für vieles gibt es brauchbare und bewährte Alternativen. Schneidbretter aus Olivenholz zum Beispiel sind nicht nur sehr repräsentativ, sondern auch belastbar und langlebig. Nur die Reinigung im Geschirrspüler sollte unterbleiben, das mögen sie nicht so sehr.

Für Kochbesteck gilt: Wenn Plastik, dann sollte es hochwertig (und damit teurer) sein. Bei billigen Kochlöffeln besteht verstärkt die Gefahr, dass sich Mikroteilchen lösen und im Kochtopf landen, vor allem bei thermischer Belastung (und die ist beim Kochen nun mal gegeben). Neben Holz gibt es auch Alternativen aus Edelstahl oder hitzebeständigem Glas.

Plastikfrei am Drink hängen

Drei Milliarden Plastikstrohhalme landen weltweit im Müll – und zwar täglich. Und natürlich sind diese Plastikstrohhalme billig, praktisch, hygienisch und daher ideal geeignet für eine vom »To-go-Verzehr« inspirierte Gesellschaft. Aber Kunststoffhalme werden im Regelfall nicht recycelt, sondern landen im Restmüll und dann in der Müllverbrennung – oder werden (und das ist dann das noch größere Problem) achtlos in der Landschaft entsorgt.

Den freiwilligen Verzicht auf diese Einmal- und Wegwerfprodukte unterstützt die EU mit einem gesetzlichen Verbot, das bereits in nationales Recht umgesetzt wurde und – mit einer Übergangsfrist für den Abverkauf von Lagerbeständen – spätestens ab Juli 2021 gilt. Und das betrifft dann nicht nur die Strohhalme, sondern auch »Wattestäbchen, Besteck, Teller, Trinkhalme, Rührstäbchen und Luftballonstäbe aus Kunststoff sowie To-go-Getränkebecher, Fast-Food-Verpackungen und Wegwerf-Essenbehälter aus expandiertem Polystyrol (bekannt als Styropor)«.[59]

Alternativen zu den Plastikstrohhalmen sind Halme aus recyceltem Papier, aus Bambus, bruchfestem Glas oder auch aus Edelstahl – oder schlicht »kein Halm«, denn der Trinkvorgang aus einem Glas lässt sich ja im Regelfall auch ohne Halm halbwegs stilsicher gestalten – auch wenn sich der innere Schweinehund möglichweise ein wenig cooler fühlt, wenn er am Halm zuzeln darf.

Auf die Temperatur achten

Kunststoffe verändern ihre Eigenschaften unter Temperatureinfluss – wer schon mal die nicht hitzeresistente Vorratsdose auf der heißen Herdplatte stehen gelassen hat, kennt die Auswirkungen. Vor allem, aber nicht nur, bei günstig hergestellten Küchenutensilien stellt dies aber auch ein Problem der täglichen Nutzung dar, das allerdings auf den ersten Blick nicht so augenscheinlich ist wie die verformte Dose auf dem Herd: Der Wasserkocher aus Plastik zum Beispiel kann unter Umständen Kunststoff-Mikropartikel abgeben, die dann im kochenden Wasser schwimmen. Entsprechende Untersuchungen deuten darauf hin, dass Wasserkocher aus Kunststoff – egal in welcher Preisklasse – solche Partikel an das Wasser abgeben. Kocher aus Glas oder Edelstahl stellen also sicher die bessere Alternative dar (und nur nebenbei: Der Wasserkocher an sich ist immer die energiesparendere Alternative im Vergleich zum Erhitzungsvorgang auf dem Herd).

Ähnliche Überlegungen gelten auch für Rührschüsseln aus Kunststoff, nicht so sehr unter thermischen Gesichtspunkten, sondern unter mechanischen: Meist weisen schon Kratzspuren vom Rührgerät am Boden darauf hin, dass sich möglicherweise Partikel gelöst haben. Auch hier sind Alternativen aus Edelstahl besser – und sie halten meist auch wesentlich länger als die Kunststofflösung.

Schmieren und salben ohne Kunststoff

Das Thema Plastik begegnet einem in Bad, Wanne oder Dusche ganz offensichtlich in Form von Kunststoffverpackungen: Duschmittel, Badezusatz, Flüssigseife, Bodylotion, Deo – in den meisten Fällen ist all das in dekorativen Plastikflaschen abgefüllt. Manchmal auch in Glas, und dann kommt es nicht selten vor, dass um das Glas herum ein Pappkarton und eine Zellophanfolie gewickelt sind. Leider ist es gar nicht so einfach, den Kunststoffverpackungen im Bad Herr zu werden. Einiges – zum Beispiel Flüssigseife oder Duschgel – gibt es in **Nachfüllpackungen** (die ihrerseits oft aus Plastik sind – aber zumindest sind die Gebinde größer und es fällt weniger Müll an). Manche Produkte lassen sich **einfach ersetzen**: Flüssigseife zum Beispiel ist sicher praktisch, aber besonders verpackungsmüllintensiv. Seife am Stück ist ebenso wirksam und in der Regel in Pappe oder Papier oder auch gar nicht eingepackt.

Ein ganz wichtiger Ansatzpunkt sind die **Einwegartikel aus Plastik**, die täglich im Bad anfallen. Auch hier wird man vielleicht aus Gründen der Hygiene und bisweilen auch schlicht der Praktikabilität nicht auf alles verzichten wollen oder können. Aber an einigen Stellen fällt der Plastikverzicht möglicherweise gar nicht auf:

- Wattestäbchen mit einem Pappkern verwenden statt solche mit Plastikstiel – spätestens ab Juli 2021 ist der Plastikstiel verboten.
- Einmalrasierer durch ein System mit Wechselklingen und festem »Hobel« ersetzen.
- Zahnbürsten aus Holz oder Bambus statt aus Kunststoff einsetzen.
- Allgemein lieber Großpackungen kaufen als Gebinde, die Produkte mehrfach einpacken (wie Papiertaschentücher oder Kosmetikpads).

Und dann ist da noch der versteckte Kunststoff, der erst mal überhaupt nicht auffällt: Mikroplastik in Kosmetika und Körperpflegeprodukten, in Shampoo, Sonnencreme und Make-up. Nein, es sind heute eher nicht mehr die Schleifpartikel in Zahnpasta oder Gesichtspeeling – da hat sich schon eine Menge getan. Aber nach wie vor finden sich in zahlreichen flüssigen Produkten wie Duschgels oder Bodylotions synthetische Polymere, die nichts anderes sind als … Plastik. definitionsgemäß kleiner als 5 Millimeter, in der Hauptsache geht es aber um mikroskopisch kleine Partikel, die mit bloßem Auge nicht zu erkennen sind. Und gerade deswegen sind diese Bestandteile hochproblematisch, denn sie reichern sich über das Abwasser letztlich in Seen, Flüssen und Meeren an, benötigen dort Jahrzehnte bis Jahrhunderte zum Abbau und finden über die Nahrungskette manchmal ihren Weg zurück auf unsere Teller – Mikroplastik lässt sich auch in Meerestieren und Fischen nachweisen.

Der Konsum mikroplastikhaltiger Produkte lässt sich im Grundsatz eindämmen – es gibt in den allermeisten Fällen ausreichend Altarnativen. Die Herausforderung besteht eher darin zu erkennen, ob ein Produkt Mikroplastik enthält. Denn leider steht bei den Inhaltsstoffen nicht demonstrativ: ENTHÄLT SCHÄDLICHES MIKROPLASTIK. Die genaue Kenntnis der chemischen Fachbegriffe wäre von Vorteil, erweist sich aber für den Einkaufsalltag als wenig praktikabel – für den inneren Schweinehund muss es einen praktikableren Weg geben. Der folgende Dreischritt hilft vielleicht, das nächste Mal in der Kosmetikabteilung den Überblick zu behalten:

1. Generell gilt: Mikroplastik kann sich in *allen Arten* von Kosmetika und Körperpflegeprodukten finden. Ein erster Hinweis sind Zusatzstoffe, die die Wortbestandteile »-ethylen«, »-propylen« oder »-polymer« enthalten.
2. Gewissheit über die Zusammensetzung unabhängig von chemischen Fachkenntnissen verschaffen Apps, die nach Scannen des Barcodes eine Einschätzung liefern – zum Beispiel »Codecheck« oder »ToxFox«, eine App, die vom BUND bereitgestellt wird. Oft lassen sich in diesen Programmen auch Vorgaben machen, nach welchen Kriterien besonders gesucht werden soll, so dass der Zusatz von Mikroplastik dann vorrangig angezeigt wird.
3. Zertifizierte Naturkosmetik und entsprechende Körperpflegeprodukte enthalten in der Regel kein Mikroplastik. Siegel können auch hier wieder helfen, zum Beispielbeispielsweise Demeter, Naturland, ECOCERT oder BDIH.

Coffee to go … auch zum Mitnehmen

Ursprünglich so etwas wie ein Modeaccessoire der Erfolgreichen und Eiligen, nun aber immer mehr ein Symbol wenig nachhaltiger Lebensart: Der »To-go-Becher«. Und in der Tat: Er ist unter Nachhaltigkeitsgesichtspunkten eigentlich eine Katastrophe. Auch wenn er oft aussieht, als sei er komplett aus Pappe gebaut, ist er doch auf der Innenseite mit einer dünnen Plastikschicht versehen, die ein Durchweichen verhindern soll. Und damit ist das Thema Recycling auch schon erledigt: Die beiden Schichten sind nur sehr schlecht trennbar, letztlich landet der gebrauchte Becher (wenn er nicht einfach achtlos weggeworfen wird) mitsamt dem Plastikdeckel (der eigentlich in den gelben Sack gehört) im Mülleimer und dann in der Müllverbrennung. Und das milliardenfach! Denn stündlich werden in Deutschland circa 320.000 Einwegbecher verwendet und weggeworfen. Das sind pro Jahr circa 2,8 Milliarden Stück oder rund 55.000 Tonnen Müllaufkommen – für eine Verpackung, die oft nur wenige Minuten Verwendung findet.

Ein sehr radikaler Ansatz zur Vermeidung wäre, ganz auf »to-go« zu verzichten und das Trinken einer Tasse Kaffee oder Tee wieder zu dem zu machen, was es früher mal war: Ein Genussmoment. Und dazu gehört dann, sich ein paar Minuten Zeit zu nehmen, sich hinzusetzen und das Getränk aus dem besten Gefäß zu genießen, das sich für solche Momente anbietet: einer Porzellantasse. Da würde dann auch der innere Schweinehund mitmachen, denn gegen Genuss und Entspannung hat er in der Regel nichts einzuwenden. Auf diese Weise tun Sie etwas für sich selbst und für die Umwelt – eine echt nachhaltige Win-win-Situation.

Und klar ist natürlich auch: Das wird nicht immer funktionieren. Wenn es also doch auf einen Unterwegskaffee hinausläuft, bieten sich folgende Alternativen zum (Plastik-)Einwegbecher an:

- **Mehrwegbecher aus Edelstahl, Porzellan oder Polypropylen (PP)** Sind auf jeden Fall vorzugswürdig, der anfänglich höhere Einsatz von Rohstoffen und Energie wird durch die – möglichst lange – Nutzungsdauer aufgewogen. Ein Thermosbecher aus Edelstahl ist auf Dauer auch hygienisch einwandfrei, zumindest, wenn er immer gut gereinigt wird. Ein wenig problematisch können die beliebten Mehrwegbecher aus Bambusfasern sein, da sie, um dicht zu halten, verklebt werden müssen, und diese Klebstoffe können sich bei heißen Getränken lösen und sind dann möglicherweise gesundheitsschädlich.

- **Pfandsysteme** Sind in vielen Städten vorhanden, gegen ein Pfand von 1 oder 2 Euro werden Becher ausgegeben und beim nächsten Einkauf gegen einen sauberen getauscht – wenn man den alten Becher dann dabei hat. Denn gleich zurückgeben widerspricht ja dem »To-go-Gedanken«. Damit ist auch schon die wesentliche Schwachstelle des Systems definiert, das ansonsten unter Nachhaltigkeitsgesichtspunkten desto besser funktioniert, je häufiger der Becher in den Kreislauf zurückfindet: Doch viele Becher werden dem Pfandkreislauf entzogen, landen im Küchenschrank und früher oder später im Restmüll. Und wenn der Pfandbecher dann auch noch bei jeder Befüllung einen neuen Plastikdeckel bekommt, sieht es mit der Nachhaltigkeitsbilanz ganz schlecht aus.

Übrigens: Anders als bei Einweggeschirr, Einmalbesteck, Plastiktüten und ähnlichen Wegwerfprodukten aus Kunststoff ist der Gesetzgeber bei den Einwegbechern und -gläsern zurückhaltend: Sie werden vom spätestens ab Mitte 2021 geltenden Verbot nicht erfasst (nur Becher aus Styropor sind dann nicht mehr erlaubt). Ein Grund mehr, in diesem Punkt mit dem eigenen Schweinehund zu verhandeln und nach Alternativen zu suchen.

Und noch ein zweites »Übrigens«: Die Einwegbecherthematik stellt sich auch beim Eis. Die Alternative freilich ist simpel, schmeckt auch noch und ist garantiert nachhaltiger: die Eiswaffel.

Von Anfang an nachhaltig

Das Kinderzimmer steht vielleicht nicht ganz oben auf der Liste der Orte, an denen die Plastikprobleme dieser Welt gelöst werden können, aber tatsächlich kann auch dort ein kritischer Blick lohnen. Denn viele, vor allem billige Spielsachen sind aus Kunststoffen, die in ihrer Zusammensetzung problematisch sind, Giftstoffe enthalten (zum Beispiel den Weichmacher Bisphenol A) und auch unter Sicherheitsgesichtspunkten bedenklich sind.

- Generell gilt: Qualität hat ihren Preis – auch bei Spielzeug. Billiges aus Südostasien ist eher belastet als Qualitätsware, die zumindest überwiegend in Europa oder Deutschland hergestellt wurde.
- Mit dem »blauen Engel« gekennzeichnetes Spielzeug ist gesundheitlich unbedenklich, auch wenn es aus Plastik ist.
- Und natürlich kann auch beim Spielzeug auf Plastikvermeidung gesetzt werden: hochwertiges Holzspielzeug kann so manchen zukünftigen Plastikmüll ersetzen. Spätestens bei Lego und Playmobil wird es dann aber wahrscheinlich nicht ganz ohne Kunststoff gehen.

**Plaste und Elaste – schweinehundegerechte Tipps
für mehr Nachhaltigkeit**

- Verzichten Sie auf den Einsatz von Einmalplastiktüten (wenn sie nicht sowieso verboten sind).
- Reduzieren Sie auch den Verbrauch von »Hemdchentüten«, zum Beispiel durch mehrfach verwendbare Stoffnetze.
- Bevorzugen Sie Einkaufsmöglichkeiten, bei denen Ware lose abgegeben wird (Wochen-/Bauernmärkte, Unverpacktläden).
- Bevorzugen Sie nachhaltig und umweltverträglich verpackte Ware.
- Füllen Sie Ware in selbst mitgebrachte Behältnisse (wo möglich).
- Nutzen Sie Mehrwegverpackungen, vor allem bei Flaschen; Mehrwegflaschen aus PET sind dabei (wegen des geringeren Gewichts) die nachhaltigste Alternative.
- Nutzen Sie statt Mineralwasser in Flaschen das Leitungswasser als Trinkwasser – gegebenenfalls ergänzt um ein Wassersprudlersystem.
- Ersetzen Sie Frischhaltefolie aus Plastik durch wiederverwendbare Aufbewahrungsdosen oder nachhaltigere Alternativen (»Jausnwrap«).
- Verzichten Sie auf Küchenwerkzeug und -maschinen aus Plastik – benutzen Sie stattdessen Holz, Edelstahl, Glas.
- Verbannen Sie Plastikstrohhalme, Einmalgeschirr und -besteck aus Kunststoff (solange sie noch nicht verboten sind) und nutzen Sie wiederverwendbare Alternativen.
- Verzichten Sie auch auf Coffee-to-go-Becher aus Plastik – nutzen Sie Mehrwegalternativen, Pfandsysteme, den eigenen Becher aus Edelstahl – oder nehmen Sie sich zehn Minuten Zeit und genießen Sie den Kaffee im Sitzen aus der Porzellantasse.
- Verwenden Sie bei Kosmetika Nachfüllpackungen, zum Beispiel bei Seife oder Duschgel.

- Vermeiden Sie Einweghygieneartikel aus Plastik, zum Beispiel bei Wattestäbchen.
- Kaufen Sie Großpackungen statt vieler einzeln verpackter Artikel, zum Beispiel bei Tempotüchern oder Kosmetikpads.
- Verzichten Sie wo immer möglich auf den Einsatz mikroplastikhaltiger Kosmetika – vor allem durch den Kauf zertifizierter Naturkosmetik.

6.
Müllvermeidung und Mülltrennung: Schweinehundegerechte Tipps für mehr Nachhaltigkeit

3,5 Millionen Tonnen Müll! Eine kaum vorstellbare Menge … Und dennoch gehen Schätzungen davon aus, dass auf der Welt täglich (!) eine derart große Menge Müll anfällt. Betrachten wir unseren kleinen eigenen Lebensbereich, dann wird diese Zahl natürlich kleiner – aber auch dann fallen in Deutschland pro Kopf und Jahr immer noch über 450 Kilogramm Müll an. Das bedeutet natürlich nicht, dass die darin enthaltenen Rohstoffe verloren sind. Circa ein Drittel davon sind getrennt erfasste Wertstoffe wie Papier, Glas oder Verpackungen, ein weiteres Drittel ist Biomüll, und das letzte Drittel dann Rest- und Sperrmüll, der im Regelfall verbrannt wird und so auch noch für Stromerzeugung oder zum Heizen Verwendung findet – was nach der Verbrennung bleibt, landet auf Deponien.

Aber das Thema Müll erzeugt eine Vielzahl von Problemen, die alle wieder mittel- oder unmittelbar auf Nachhaltigkeit und Klimawandel Einfluss haben. An vielen Stellen ist der Beitrag des Einzelnen marginal, die umweltrelevanten Auswirkungen zeigen sich aber durch die millionenfache Vervielfältigung des Problems. Ein Beispiel: die achtlos weggeworfene Zigarettenkippe. In ihrem Filter finden sich giftige Stoffe wie Arsen, Cadmium, Blei, Chrom, Formaldehyd oder Benzol. Sie können zum Beispiel über den Regen ins Grundwasser gelangen und dort Schaden anrichten. Der Filter selbst besteht aus Celluloseacetatfasern, enthält damit Kunststoff und braucht in der Natur bis zum vollständigen Abbau bis zu 15 Jahre. Alles an sich nicht so schlimm – wenn es nicht um eine irrwitzig große Anzahl an Zigaretten ginge. Rund 75 Milliarden davon werden jährlich in Deutschland geraucht (mit etwas sinkender Tendenz in den vergangenen Jahren), circa zwei Drittel landen nach Genuss auf Straßen oder Wiesen. Und

Mülltrennung ist für innere Schweinehunde
schon längst selbstverständlich

auf einmal wird der Zigarettenstummel milliardenfach zum Umweltproblem.[60]

Und nicht so viel anders verhält es sich beim Thema Müll eben auch in vielen anderen Bereichen: Im Einzelfall nur ein kleiner Beitrag, in der Summe aber von großer Relevanz. Was umgekehrt aber eben auch bedeutet: Jeder Einzelne kann mit oftmals ganz einfachen Verhaltensänderungen zu einer wesentlichen Verbesserung der Situation beitragen.

Am besten: Müll vermeiden

Natürlich wäre es das Beste, erst gar keinen Müll zu erzeugen. Die Zero-Waste-Bewegung hat sich dieses Ziel auf die Fahnen geschrieben, in der praktischen Umsetzung allerdings dürfte dieses Ziel für die meisten inneren Schweinehunde wohl eine Überforderung darstellen. Auch wenn es utopisch scheint, ganz ohne Müll durchs Leben zu kommen, so gibt es doch einige einfache Möglichkeiten, das Müllaufkommen ganz erheblich zu reduzieren.

Mehrweg statt Einweg

Wo immer möglich sollten Sie auf Mehrweg- statt auf Einwegverpackungen setzen und mehrfach verwendbaren Produkten gegenüber Wegwerfprodukten den Vorzug geben. Vieles lässt sich heute in Nachfüllpackungen kaufen, so zum Beispiel Reinigungsmittel, Seife, Kosmetika oder Küchenartikel wie Gewürze. Meist gibt es sogar einen kleinen preislichen Vorteil als Anreiz, auf jeden Fall vermeiden Sie aber den mehrfachen Kauf der oft aufwendigen Umverpackung, die Sie in der Regel problemlos mehrfach wiederverwenden können, zum Beispiel als Pumpspender.

Durch den Transport von Obst und Gemüse in wiederverwendbaren Stoffbeuteln, die speziell für diesen Zweck hergestellt sind und oft zu einem geringen Preis im Obst- und Gemüseregal liegen, lässt sich auf einfache Weise Plastikmüll vermeiden.

Klassische Einsparmöglichkeiten für Wegwerfprodukte im Haushalt sind natürlich der Verzicht auf Einmalbesteck und -geschirr oder auf Trinkhalme aus Plastik (hier hilft ab Mitte 2021 ja auch der Gesetzgeber mit einem Verbot nach). Ob man im Kosmetik- und Hygienebereich auf mehrfach verwendbare Lösungen ausweicht, so zum Beispiel bei Stofftaschentüchern oder -kosmetikpads, muss jeder für sich selbst entscheiden. Dem Nachhaltigkeitsvorteil stehen möglicherweise Nachteile in Sachen Hygiene gegenüber. Ein Kompromiss kann hier das Ausweichen auf besonders nachhaltig hergestellte Produkte sein, zum Beispiel unter Verwendung recycelter Rohstoffe (bei Papiertaschentüchern, Toilettenpapier, Kosmetiktüchern oder Küchenrollen).

Reparieren statt wegwerfen

Ein guter Ansatz ist es auch, defekte Produkte zu reparieren, statt sie wegzuwerfen. Das freilich ist oft gar nicht so einfach – oder sehr teuer. Wenn der Austausch eines defekten Kabels über 100 Euro kostet, ein Neugerät aber schon für 79,99 Euro zu haben ist, fällt die Entscheidung für das Neugerät leicht. Und selbst wer handwerklich geschickt ist und gerne selbst zum Schraubenzieher greift, scheitert oft am Produktdesign, das schlicht nicht vorsieht, dass ein Gehäuse geöffnet wird.

Unter ökologischen Gesichtspunkten ist die Neukaufen-statt-reparieren-Strategie aber ein Desaster. So würde zum Beispiel die Verlängerung der Lebensdauer von Waschmaschinen um nur fünf Jahre EU-weit so viele Emissionen sparen wie eine halbe Million Kraftfahrzeuge weniger auf den Straßen.[61] Erkannt hat das nun auch die EU-Kommission: Sie arbeitet an einer Richtlinie, die dem Wergwerftrend entgegenwirken soll und die leichtere Reparaturmöglichkeit sowie das Vorhalten von Ersatzteilen vorschreibt. Bis das alles in Kraft tritt und sich auch die Hersteller daran halten, wird es wohl noch ein bisschen dauern. Bis dahin können sogenannte Repair-Cafés eine Alternative zu den herstellergebundenen Kundendiensten sein. In diesen Werkstätten, die Hilfe zur Selbsthilfe geben, stehen Experten bereit, die Ihnen bei Ihren Reparaturbemühungen helfen, auch bei der Ersatzteilbeschaffung und dem richtigen Werkzeug. Und wer kein geborener Heimreparierer ist und sich schwertut, das verklebte Gehäuse des Smartphones mit Föhn und Fingernagel zu öffnen, um den defekten Akku zu tauschen: Eine Internetrecherche mit den Suchbegriffen »reparieren statt wegwerfen« hilft weiter und führt zu örtlichen alternativen Reparaturangeboten.

Zweitverwertung

Müll vermeiden Sie auch, indem Sie Dingen, die Sie nicht mehr brauchen, ein »Weiterleben« ermöglichen. Ob das nun die Altkleidersammlung für aufgetragene oder an sich noch gute, aber nicht mehr geliebte Kleidungsstücke ist, der Flohmarkt für alles, was den Keller, Speicher und Garage verstopft, Tauschbörsen oder Secondhandläden oder entsprechende »Warenhäuser« von Sozialeinrichtungen: Die Verlängerung der Lebensdauer vermeidet in jedem Fall das Müllaufkommen und führt zu einer besseren Nachhaltigkeitsbilanz.

Müll richtig trennen

Am Anfang steht möglicherweise ein Paradigmenwechsel für Ihren inneren Schweinehund: Müll ist ein Rohstoff! Nahezu 90 Prozent unseres Mülls werden – auf unterschiedlichste Weise – verwertet (dazu gehört auch die Müllverbrennung), beinahe 60 Prozent werden recycelt. Dieses System funktioniert allerdings nur dann richtig gut, wenn der Müll von Anfang an in richtige Bahnen gelenkt wird, und dazu ist es erforderlich, den Müll gut und richtig zu trennen. Das allerdings funktioniert in Deutschland nicht so richtig. So zeigt eine aktuelle Untersuchung des Umweltbundesamtes, dass im Restmüll zum einen besonders viel kompostierbares Material landet, das eigentlich in die Biotonne gehört. Zum anderen landen Papier, Kunststoffe und Altglas besonders oft in der Restmülltonne. Auf diese Weise entgehen dem deutschen Recyclingsystem rund 700.000 Tonnen Plastik pro Jahr. Auch ein Grund, warum der echte Recyclinganteil bei der Herstellung von Plastik (aus Plastik wird wieder Plastik) bei unter 10 Prozent liegt.[62]

Die Gründe dafür liegen allerdings nicht ausschließlich in der Bequemlichkeit des inneren Schweinehundes. Ein wenig schuld daran ist auch das Mülltrennungssystem – oder besser: das Nebeneinander vieler einzelner Systeme. Müllentsorgung findet in Deutschland in einem Nebeneinander zwischen privaten Entsorgungsunternehmen und den Kommunen statt. Und da kann es dann schon vorkommen, dass ein Umzug von München nach Berlin auch ein ziemliches Umdenken bei der Mülltrennung erfordert, wobei die unterschiedlichen Tonnenfarben noch das geringere Problem sind. Den »gelben Sack« zum Beispiel, in dem mit dem grünen Punkt gekennzeichnete Verpackungen (und nur diese!) gesammelt werden, gibt es in München nicht (stattdessen: Wertstoffinseln mit Tonnen) – in Berlin aber auch nicht, dort gibt es eine »Wertstofftonne«, in die neben Verpackungen auch andere Kunststoffe rein dürfen. Vor allem bei den »gelben Säcken« spricht man gerne von »intelligenten Fehlwürfen« – der gesunde Menschenverstand sagt: Das darf rein (zum Beispiel ein Blumentopf aus Plastik), aber das Gesetz sagt: Nein (denn der Blumentopf ist keine Verpackung). Anders aber, wenn im Plastikblumentopf eine Blume war, denn dann hat er ja doch etwas verpackt. Kapituliert Ihr Schweinehund? Nicht nur er![63]

Von solchen Widrigkeiten abgesehen ist Mülltrennung aber eine wichtige Angelegenheit in Sachen Nachhaltigkeit, da sie am Anfang einer funktionierenden Kreislaufwirtschaft steht – ohne Mülltrennung kein wirtschaftlich sinnvolles und nachhaltiges Recycling. Details zu den am jeweiligen Wohnort geltenden Regelungen und Recyclingmöglichkeiten finden Sie meist in »Abfallführern« der kommunalen Entsorgungsbetriebe, oft auch im Internet. Ein kleiner Überblick über das, was überall gilt:

- **Gelber Sack / gelbe Tonne** Hinein kommen Verpackungen, die mit dem »grünen Punkt« des dualen Systems gekennzeichnet sind – dazu gehören auch die so beliebten Kaffeekapseln aus Aluminium. In der Wertstofftonne, die in einigen Regionen Deutschlands die gelbe Tonne ersetzt, können zusätzlich weitere Gegenstände aus Kunststoff oder Metall entsorgt werden, also zum Beispiel auch ein kaputter Plastikkleiderbügel oder eine verbogene Gabel.

- **Biotonne** Sie ist für Garten-, Küchen- und Essensabfälle da. Problematisch ist hier weniger die richtige Sortierung, sondern der Umstand, dass eine Reihe von Kommunen keine Biotonnen zur Verfügung stellt und fordert, den Biomüll zu Sammelstellen zu bringen. Das ist dem inneren Schweinehund natürlich oft zu umständlich, wofür man beinahe Verständnis haben kann. Wer die Möglichkeit hat, kann auf einen eigenen Komposthaufen ausweichen. Die Variante eines »Indoor-Wurmkomposters« ist auch eine Alternative, wobei möglicherweise nicht jeder die Vorstellung verlockend findet, seinen Wohnraum mit einigen Hundert Kompostwürmern zu teilen.
- **Altglas** gehört in den Glascontainer (nicht in den Restmüll!), bei unklarer Farbzuordnung den Einwurf für Grünglas nehmen. Nicht hier hinein gehören andere Glaswaren (Spiegel, Fensterscheiben, Sicherheitsgläser), die kommen in den Restmüll oder in spezielle Container im Wertstoffhof.
- **Batterien** kommen in Sammelkisten im Supermarkt, Fachhandel oder im Wertstoffhof.
- **Glühbirnen** sind nur dann Restmüll, wenn es sich um (weitgehend nicht mehr erhältliche) klassische Birnen oder Halogenlampen handelt. Energiesparlampen, LED-Lampen und Leuchtstoffröhren müssen gesondert entsorgt werden (Wertstoffhof oder Rücknahme im Handel).
- **Elektrogeräte** Das praktische daran: Sie haben die Entsorgung bereits bezahlt (oder zahlen Sie mit dem Kauf eines Neugerätes), denn die Rücknahme von Elektrogeräten ist gesetzlich geregelt und muss von den Herstellern organisiert werden, die das freilich in den Preis einkalkulieren. Alte Elektrogroßgeräte müssen bei Kauf eines neuen zurückgenommen werden, kleine Elektrogeräte auch ohne Neukauf. Zudem besteht auf Wertstoffhöfen die Möglichkeit der kostenfreien Abgabe, manche Kommunen bieten auch die kostenfreie Abholung größerer Geräte (wie zum Beispiel Waschmaschine oder Kühlschrank) an.
- **Altpapiertonnen** werfen in der Regel keine großen Schwierigkeiten auf, mal abgesehen davon, dass verschmutztes Papier (zum Beispiel durch Farbe oder Lebensmittel wie beim Pizzakarton!) nicht hin-

ein darf. Das gilt auch für beschichtete Papiere (Geschenkpapier), Thermopapier, Tempotaschentücher und Küchenkrepp (wobei es bei den letzten beiden Kategorien regionale Unterschiede gibt).

AUF EINEN BLICK

Müllvermeidung und Mülltrennung – schweinehundegerechte Tipps für mehr Nachhaltigkeit

- Vermeiden Sie wenn immer möglich Müll – vor allem durch überlegtes Einkaufen und bewusstes Entsorgen.
- Nutzen Sie Mehrwegverpackungen statt Einweg und Nachfüllprodukte in einfachen Verpackungen.
- Bei defekten Sachen gilt: Prüfen Sie die Möglichkeit einer Reparatur. Und klären Sie schon beim Kauf die Frage, ob (und wie lange) Reparaturen möglich und Ersatzteile lieferbar sind.
- Ermöglichen Sie intakten Dingen, die Sie nicht mehr brauchen, ein »zweites Leben«.
- Trennen Sie Ihren Müll – und zwar richtig. Und informieren Sie sich bei Unklarheiten beim örtlichen Entsorgungsunternehmen.

7.
Haus und Garten:
Schweinehundegerechte Tipps
für mehr Nachhaltigkeit

Wohnung, Haus und Garten oder zumindest Balkon stellen den Kernbereich unseres Lebensraumes dar. Da wollen wir gerne so wirken und handeln, wie es uns gefällt – ohne uns zu erklären oder zu rechtfertigen. Aber auch in diesem privaten Bereich sind wir natürlich nicht »aus der Welt« – und Umwelt- und Nachhaltigkeitsaspekte machen an der Haus- oder Wohnungstür nicht Halt. Wie so oft sind es aber auch hier Kleinigkeiten, die wirken. Kleinigkeiten, die weder große Mühe noch große Überwindung kosten und gegen die auch der innere Schweinehund keine grundsätzlichen Einwände hat – wenn Sie ihm erklären, warum eine Verhaltensänderung sinnvoll ist.

Einiges, was den häuslichen Bereich berührt, finden Sie bereits in anderen Abschnitten dieses Buches. Das Thema »Putzen« zum Beispiel im Abschnitt zum Einkauf und Konsum (S. 153), »Küche und Kochen« bei Ernährung (S. 141), und dem großen und wichtigen Thema Energie und Wassersparen haben wir ein ganzes Kapitel gewidmet (ab S. 128). Hier soll es nun vor allem um einige wichtige Einzelaspekte gehen.

Alles neu …

Sich neu einzurichten, Altes zu entsorgen und in den eigenen vier Wänden »wieder einmal« ganz neu anzufangen, hat ja auch immer etwas von sich selbst neu erfinden. Egal, ob es nun das komplette Wohnzimmer ist oder nur ein neues Beistelltischchen. Möbel und Einrichtungsgegenstände wurden in früheren Zeiten für ein Menschenleben gezimmert und dann noch dreimal vererbt. Wer sich einrichtete, tat das mindestens für die nächsten 30 Jahre. Und so sahen diese Stücke dann oft auch aus: massiv und robust. Aber Einrichtung ist heute eben auch Modesache, und Moden haben bekanntlich kürzere Erneuerungszyklen als ein Menschenleben. Außerdem macht die gesteigerte Mobilität häufigen Möbelkauf erforderlich, denn neue Wohnungen erfordern meist auch neue Einrichtungen. Gut 30 Milliarden Euro hat die Möbelbranche 2019 in Deutschland umgesetzt, gut ein Sechstel davon entfielen auf eine bekannte schwedische Möbelkette. Wer sich jetzt mal vor Augen führt, wie aufwendig Möbel häufig verpackt sind, erkennt schnell, dass da zum einen riesige Mengen Müll anfallen. Dann wollen die alten Möbel entsorgt werden – nochmal Müll. Und dann dürfen die neuen Möbel ja häufig nicht teuer sein – und das wirft dann die Frage nach der Herkunft der Rohstoffe und dem Innenleben sowie der Haltbarkeit der neuen Möbel auf. So ist mit dem billigen – pardon: günstigen Neukauf des neuen Sofas häufig schon der nächste Kauf in zwei bis vier Jahren programmiert.

Wer an dieser Stelle nachhaltiger agieren will, könnte auf folgende Punkte achten:

- Wie so häufig läuft auch beim Möbelkauf vieles über den **Preis**. Nachhaltig hergestellte Möbel sind oft teurer als die Konkurrenzprodukte im Möbel-Mitnahmemarkt. Aber sie halten dann auch länger und geben einem das gute Gefühl, beim Kauf auch unter Umweltgesichtspunkten alles richtig gemacht zu haben. Der Kompromiss, den man eingehen muss, liegt vielleicht darin, **zeitlose Stücke zu kaufen**, die man auch in fünf Jahren noch sehen kann – also eher nicht das zartrosa Ledersofa, das gerade schwer in Mode ist. Wer in ein paar gute neutrale Basisstücke investiert, kann den modischen Touch über Dekostoffe, Kleinmöbel und ähnliches herstellen. Insoweit verhält es sich mit dem Möbelkauf nicht so viel anders als beim Bekleidungskauf.
- Achten Sie auf **Zertifikate**, vor allem bei Holz. Bekannte Zertifikate im Zusammenhang mit Möbelkauf sind das »FSC-Siegel« (Forest Stewardship Council), das für Möbel und Holzprodukte aus nachhaltiger und verantwortungsvoller Waldwirtschaft steht, und das »PEFC-Siegel« (Programme for the Endorsement of Forest Certification Schemes), das ebenfalls die Einhaltung gewisser Nachhal-

tigkeitsstandards bei der Herstellung von Holz- und Papierprodukten zusichert. Ob Tropenholz, das unter Berufung auf solche oder ähnliche Siegel als nachhaltig hergestellt in den Handel gebracht wird, tatsächlich diese Kriterien erfüllt, darüber wird gestritten. Organisationen, die sich dem Schutz des Regenwaldes verschrieben haben, sagen, dass es solches Holz schlicht nicht gibt, da die Abholzung des Regenwaldes nie nachhaltig geschehen kann, auch nicht bei Plantagenholz. Der Verband der Tropenholzimporteure sieht das naturgemäß etwas anders und verweist unter anderem darauf, dass heimische Hölzer oft chemisch behandelt werden, um sie haltbarer zu machen. Wer auf Nummer sicher gehen will, **verzichtet** wohl besser **auf Tropenhölzer** wie Mahagoni, Palisander oder Teak und weicht auf heimische, besser noch auf regional vorkommende Hölzer wie Buche, Eiche oder Fichte aus.

- Lederbezüge für Sofas, Sessel und Stühle sind beliebt, weil besonders edel und besonders langlebig. Die Lederherstellung allerdings wirft viele Probleme auf, unter anderem durch den Einsatz gesundheitsschädlicher Gerbmittel. Einheitliche Biostandards für die Lederverarbeitung gibt es nicht. So bleibt nur, sich im Einzelfall beim Hersteller zu erkundigen, nach welchen Kriterien das Leder bearbeitet wurde, ob zum Beispiel auf den Einsatz umweltschädlicher Gerbmittel verzichtet wurde oder wie die Arbeitsbedingungen in den lederverarbeitenden Fabriken sind (denn die liegen wie in der Textilbranche oft in Asien). Der Preis ist auch hier ein Kriterium, denn die schonende und umweltverträgliche Lederverarbeitung ist möglich, verursacht aber höhere Produktionskosten. Wer an einem Lederprodukt das **IVN-Siegel** entdeckt, kann übrigens beruhigt sein: Der »Internationale Verband der Naturtextilwirtschaft« hat die strengsten Richtlinien für die Lederverarbeitung.

Mit grünem Daumen …

Generell gilt: Jeder Garten oder Balkon, der ausreichend begrünt ist, ist besser als kein Garten. Die in manchen Neubaugebieten zu beobachtende Tendenz zur ganzjährig tristen Steinwüste mag den Gestaltungsvorschlägen einschlägiger »Andere Leute wohnen schöner«-Zeitschriften entsprungen sein – nachhaltig sind diese »Gärten« nicht! Nun müsste man annehmen, dass man bei Garten oder Balkon in Sachen Nachhaltigkeit nicht so viel falsch machen kann, und das stimmt eigentlich auch. Wenn man genau hinschaut, kann man allerdings manches noch ein bisschen besser machen, und um solche Tipps soll es hier gehen:

- **Orientieren Sie sich bei Gestaltung und Pflanzen an der einheimischen Natur.** Exotische Pflanzen oder Zuchtformen sind oft interessant, aber häufig auch anfällig für Schädlingsbefall. Blühende Zuchtpflanzen sind außerdem oft nektar- und pollenleer. Sie blühen zwar besonders voll, bieten aber Hummeln und Bienen keine Nahrung und tragen so zum Bienensterben bei. Oft sind die gewünschten Pflanzen sowohl als Zuchtform als auch als naturbelassene Variante erhältlich – der Fachhandel hilft weiter.
- **Verzichten Sie auf chemischen Dünger und auf den Einsatz von Pestiziden.** Wer den Dünger nicht aus dem eigenen Komposthaufen beziehen will oder kann, findet im Fachhandel eine Vielzahl ökologisch unbedenklicher Alternativen. Das Gleiche gilt für die Schädlingsbekämpfung.
- **Pflanzerde, die Sie zukaufen, sollte torffrei sein.** Blumenerde, vor allem die günstigeren Varianten, enthalten meist Torf (oft bis zu 90 Prozent), dessen Abbau aber Moore zerstört, die ein wichtiger Lebensraum für zahlreiche gefährdete und vom Aussterben bedrohte Tiere und Pflanzen sind. Zudem wird beim Abbau des Torfs das darin gebundene Kohlendioxid wieder freigesetzt. Hinzu kommt: Nur wenige Pflanzen fühlen sich in torfhaltiger Erde wirklich wohl – Azaleen und Rhododendren gehören dazu. Im Übrigen trägt Torf eher zu einer schädlichen Versauerung des Bodens bei und ist auch nicht sonderlich nährstoffhaltig. Der einzige Vorteil

ist, dass er den Boden auflockert und so zu einer guten Durchlüftung beiträgt – ein Effekt, der sich über andere Zusammensetzung von Pflanzerde aber auch erreichen lässt. Gezielt nach torffreier Erde zu suchen, ist also ein echter Beitrag zum nachhaltigen Gartenbau.

- **Nutzen Sie für Ihren Garten eine Regentonne.** Wachstum braucht Wasser – und da wir in den vergangenen Jahren immer häufiger Perioden längerer Trockenheit hatten, wird wohl auch in Zukunft Bewässerungsbedarf bestehen. Unter Nachhaltigkeits- und Kostengesichtspunkten lohnt sich auf jeden Fall die Anschaffung einer Regentonne – bei großen Gärten eventuell auch die Anlage einer Zisterne. Wer sein Niederschlagswasser darin sammelt, spart je nach den örtlichen Regelungen nicht nur beim Wasserverbrauch, sondern unter Umständen auch beim Abwasser: Die Einleitung von Niederschlagswasser ist in vielen Kommunen kostenpflichtig, es sei denn, das Regenwasser wird in einer Zisterne gesammelt und gelangt so nicht in die Kanalisation. Erkundigen Sie sich aber vor entsprechenden Investitionen auf jeden Fall bei der zuständigen Behörde.

- **Überlassen Sie zumindest einen Teil des Gartens der Natur.** Nein, das bedeutet nicht, dass Sie ihn verwildern lassen sollen. Es ist eher eine »geordnete Ungeordnetheit«, die aber trotzdem Pflege erfordert. In diesen Bereichen sollte die Wiese maximal zwei Mal pro Jahr gemäht werden (auf diese Weise schaffen Sie Lebensraum für Insekten), Laub kann im Herbst liegenbleiben und so natürlichen Überwinterungsraum für Tiere schaffen, Vögel finden hier ausreichend Futter und Nistplätze, und nicht zuletzt wirken solche Flächen auch dem problematischen Bienensterben entgegen. Eine bienenfreundliche Mischung aus pollen- und nektarreichen Wiesenblumen stellt einen zusätzlichen Anreiz dar – für Bienen und aus optischen Gründen auch für den Gartennutzer. Entsprechende Mischungen finden Sie im Fachhandel.

**Haus und Garten – schweinehundegerechte Tipps
für mehr Nachhaltigkeit**

- Kaufen Sie eher zeitlose und qualitativ hochwertige Möbel-
  stücke – vermeiden Sie, sich alle fünf Jahre komplett neu
  einzurichten, das spart Ressourcen und vermeidet Müll.
- Achten Sie beim Kauf von Möbeln auf Zertifikate, die Nachhaltig-
  keit garantieren – zum Beispiel das FSC-Siegel.
- Verzichten Sie am besten ganz auf Tropenhölzer.
- Bei Lederprodukten (Couch!) besonders auf Herkunft und das
  IVN-Siegel achten – und billige Produkte eher meiden.
- Richten Sie Ihren Garten (oder den Balkon) möglichst mit einhei-
  mischen Pflanzen ein.
- Wählen Sie bei Zierpflanzen eher die naturbelassene Variante
  anstelle der Zuchtform.
- Verzichten Sie auf chemische Dünger und den Einsatz von
  Pestiziden.
- Kaufen Sie torffreie Erde (es sei denn, Ihre Pflanzen brauchen
  ausdrücklich einen torfhaltigen Boden).
- Bewässern Sie Ihren Garten möglichst mit Regenwasser
  (Regentonne oder Zisterne).
- Überlassen Sie einen Teil des Gartens sich selbst, das schafft
  natürlichen Lebensraum für eine große Artenvielfalt.

8.
Urlaub, Partys, Freizeit und Feste: Schweinehundegerechte Tipps für mehr Nachhaltigkeit

Freizeit und Hobbys, Feiern, Partys, Urlaub … Alles Bereiche, in denen das Thema Nachhaltigkeit eine Rolle spielt – und leider auch alles Bereiche, an die der innere Schweinehund überhaupt nicht ran will. Handelt es sich doch um Dinge, die definitiv Spaß und Freude machen sollen und bei denen der Ruf nach mehr Nachhaltigkeit von Ihrem tierischen Begleiter sofort mit »Verzicht« assoziiert wird. Dabei geht es auch hier wieder nicht darum, das Ruder gleich komplett herumzureißen und alles zu verändern. Das wäre eine Überforderung. Kleine Dinge allerdings, die ein bisschen mehr Nachhaltigkeit in den Freizeitalltag bringen, lassen sich oft einfach und beinahe am Schweinehund vorbei integrieren. Genau um die soll es hier gehen.

Gesundes mit Nützlichem verbinden

Joggen und Spazierengehen dienen zweifelsfrei der Gesundheit, können aber auch der Umwelt nützlich sein. Über achtlos weggeworfenen Müll kann man dabei hinwegsehen – oder ihn aufheben und in den nächsten Abfallkorb befördern. Das mag wie ein Tropfen auf den heißen Stein wirken, ist aber – wenn es sich dabei zum Beispiel um ein Stück Plastik handelt – ein wichtiger Beitrag zum Umweltschutz. Nicht zu unterschätzen ist auch der positive Nachahmereffekt: Wer andere beim Müllaufheben sieht, fühlt sich vielleicht auch selbst mal dazu berufen, sich zu bücken. Und apropos Bücken: Aus dem Auf und Nieder beim Sammeln hat sich sogar eine Art Sport entwickelt, der unter dem Begriff »Plogging« läuft, eine Kombination aus Joggen und Müll aufheben (das schwedische Wort »plocka« bedeutet »aufheben«).

In vielen Städten gibt es regelmäßige Lauftreffs, manchmal sogar in Wettkampfform – und gegen solche Gemeinschaftsveranstaltungen hat dann meist auch der Schweinehund nichts einzuwenden.

Noch nachhaltiger joggen

Nur zur Erinnerung in Sachen Konsum: Auch bei der Sportkleidung hat sich beim Thema Nachhaltigkeit viel getan. Ging es früher nur um Nutzwert und Design, sind zunehmend auch Aspekte der Nachhaltigkeit relevant: recyclingfähige Materialien, Herkunftsnachweise, Produktionsbedingungen. Viele Hersteller messen dem Thema große Bedeutung zu und zertifizieren ihre Ware entsprechend.

In der Fremde

In Urlaubshotels hat man auf Aspekte der Nachhaltigkeit ja nicht überall Einfluss – bis auf einen Punkt, der schon immer in der Macht des Gastes stand: Die Häufigkeit des Handtuchwechsels. Schon lange informieren kleine Aufkleber oder Schilder im Hotelbad über die Möglichkeit, die Handtücher noch einen weiteren Tag zu nutzen – und im Regelfall kann man dieses Angebot auch nutzen, ohne damit grundlegende Regeln der Hygiene zu verletzen. Zuhause werden Handtücher ja schließlich meist auch nicht jeden Tag gewechselt. Täglich können damit große Mengen Wasser, Energie und Waschmittel (Mikroplastik!) eingespart werden. Manche Hotelkette lobt inzwischen schon einen kleinen Restaurantgutschein für zwei Tage Verzicht auf neue Handtücher aus – ähnliches gilt übrigens auch für Bettwäschewechsel.

Und zuhause

Wer wegfährt, spart zuhause natürlich schon aufgrund seiner Abwesenheit Energie. Aber meist geht da noch mehr: Einen leeren Kühlschrank zum Beispiel kann man komplett ausschalten (vorher abtauen und die Tür offenlassen), einen elektrischen Warmwasser-boiler ebenso. Auch bei Heizungsanlagen kann es sich lohnen, einen Sparmodus einzuschalten und sie so zu programmieren, dass sie ein oder zwei Tage vor der geplanten Rückkehr wieder auf Normalbetrieb umschalten (moderne Steuerungen haben dafür meist eigene Urlaubs-programme).

Die gelungene *und* nachhaltige Grillparty

Auch die in den letzten Jahren immer beliebter gewordene Freizeit-beschäftigung Grillen kommt natürlich nicht ganz ohne Nachhaltig-keitsüberlegungen aus. Das Thema Vermeidung von Einweggeschirr aus Plastik bedarf keiner weiteren Erläuterung (siehe S. 175) – ab Mitte 2021 hat sich dieses Thema sowieso erledigt. In Sachen Einweg lohnt sich aber auch ein Blick auf den Grill: Einmalgrills aus Aluminium mögen praktisch sein für die Grillparty am Flussufer – nachhaltig sind sie nicht, denn die Entsorgung über den Restmüll entzieht das Aluminium dem Recyclingkreislauf. An vielen Orten sind diese Art Grills daher bereits verboten.

Im Verhältnis Holzkohlegrill zu Elektro- oder Gasgrill stellen letz-tere die umweltfreundlichere Alternative dar, auch wenn die Unter-schiede nicht allzu groß sind. Beim Holzkohlekauf sollte man auf das FSC-Siegel achten, das in diesem Fall darauf hindeutet, dass die Waldwirtschaft, aus der die Holzkohle stammt, ökologisch verträg-lich betrieben wird. Mehr bewirken kann man aber über die bewusste Auswahl des Grillgutes, denn die beiden Parameter »viel« und »güns-tig« wirken sich in Sachen Fleischkonsum (und um den geht es ja beim Grillen im Regelfall) sofort negativ auf die CO_2-Bilanz eines Grill-abends aus. Deutlich besser ist es, hier auf regionale Produkte (statt auf Steaks aus Argentinien) zu setzen und den wahrscheinlich höhe-ren Preis über eine Mengenreduzierung zu kompensieren. Und dann gibt es ja noch eine ganze Menge anderer leckerer Dinge, die sich auf dem Grill auch gut machen: Gemüse, Käse, Kartoffeln …

Jahresendzeitstimmung

Bei einem so schönen Thema wie Feste, zum Beispiel Weihnachten, kommt dem inneren Schweinehund das Thema Nachhaltigkeit ziemlich in die Quere, geht es dabei doch nicht nur um viele liebgewonnene Gewohnheiten. Wenn man mal anfängt, das oft sowieso schon etwas heikle Thema Geschenke unter ökologischen Gesichtspunkten zu betrachten, läuft man unter Umständen Gefahr, anderen ungebeten ganz private Vorstellungen vom »gelungenen Leben« zu servieren – und das geht meist schief. Daher hier nur ein paar Vorschläge, die Schenken im Allgemeinen und Weihnachten und Silvester im Speziellen etwas nachhaltiger machen können:

- **Der Weihnachtsbaum** Das ist wohl am einfachsten umzusetzen: Es gibt ihn in der Günstigvariante, da stammt er dann meist aus weit entfernten Plantagen und hat Tausende Kilometer hinter sich – oder aus regionalem Anbau. Letzteres ist schon unter Transportgesichtspunkten definitiv besser, zudem werden heimatliche Plantagen meist nach Kriterien der biologischen Forstwirtschaft bewirtschaftet. Der Nachteil: Solche Bäume sind regelmäßig etwas teurer.
- **Silvesterknallerei** Hier fällt der Verzicht wohl vielen schwer. Man könnte hier auf das Kriterium der Feinstaubbelastung verweisen, die in dieser einen Nacht der Nächte um ein Vielfaches höher ist als die Grenzwerte es eigentlich erlauben. Und natürlich auch auf den Müll, den die herabfallenden Reste der Raketen und Böller verursachen. Zumindest im städtischen Raum wird allerdings vielen die Entscheidung pro oder contra Feuerwerk in den kommenden Jahren wohl abgenommen werden, da hier entsprechende Verbote in Vorbereitung sind. Wer gar nicht verzichten mag: Wie wäre es zunächst mal mit einer Reduzierung des Feuerwerkbudgets auf die Hälfte – ein Kompromiss, den möglicherweise auch der innere Schweinehund mitträgt.
- **Und zuletzt das Thema Geschenke** – das reicht über die Jahresendzeit hinaus. Geschenke sollten Freude bereiten, dem Beschenkten natürlich, aber idealerweise auch dem Schenkenden, der sich

dann wieder an der Freude des Beschenkten erfreut. Aspekte der Nachhaltigkeit und Ökologie können da natürlich auch eine Rolle spielen – aber sie werden meist nicht im Vordergrund stehen. Tun sie dies allzu offensichtlich und stoßen diese Gesichtspunkte dann nicht auf Gegenliebe, sind Enttäuschungen programmiert. Wenn man mal den Überraschungseffekt außen vor lässt (der bei Kindern sicher eine größere Rolle spielt), dann gehört zu den wirksamsten Nachhaltigkeitsstrategien in Sachen Geschenke wohl, nutzlose Geschenke, die am Ende nur im Müll landen, zu vermeiden. Wer sein Gegenüber nicht gut genug kennt oder die Wünsche des anderen möglicherweise nur zu kennen glaubt, sollte da vielleicht einfach einmal nachfragen. Für größere Anlässe (Hochzeiten oder runde Geburtstage) sind Wunschlisten empfehlenswert. Und noch ein Aspekt kann beim Schenken bedacht werden: Das Geschenkpapier. Natürlich spielen auch hier individuelle Vorlieben des Schenkers wie des Beschenkten eine nicht nur untergeordnete Rolle. Aber gerade Geschenkpapier ist unter Recyclinggesichtspunkten oft ein Totalausfall – es wird häufig aus beschichtetem Papier hergestellt, das nicht oder nur schlecht recyclebar ist. Nun muss man ja nicht unbedingt auf Zeitungspapier ausweichen (das sieht manchmal nach »Geschenk in letzter Sekunde« aus), aber eine nachhaltige Alternative kann zum Beispiel auch ein schöner Stoff sein, in den ein Buch eingewickelt wird. Und natürlich gibt es inzwischen auch Geschenkpapier, bei dessen Herstellung auf Nachhaltigkeitsaspekte besonders geachtet wird.

Urlaub, Partys, Freizeit, Feste – schweinehundegerechte Tipps für mehr Nachhaltigkeit

- Heben Sie immer wieder mal achtlos weggeworfenen Müll auf und werfen ihn in den nächsten Papierkorb – beim Joggen, beim Spazierengehen etc.
- Achten Sie beim Kauf von Sport- und Freizeitkleidung auf nachhaltig hergestellte Ware.
- Nutzen Sie in Hotels Handtücher einen Tag länger.
- Schalten Sie Elektrogroßgeräte, Heizung und Warmwasserboiler aus, wenn Sie länger wegfahren – oder versetzen Sie diese Geräte in einen Sparmodus, wenn möglich.
- Vermeiden Sie bei Partys und Festen Einmalgeschirr und -besteck (solange es noch erhältlich ist).
- Verzichten Sie auf Einmalgrills aus Aluminium.
- Betreiben Sie Holzkohlegrills nur mit Holzkohle aus FSC-zertifizierter Fertigung.
- Reduzieren Sie bei Grillpartys den Fleischkonsum – bzw. kaufen Sie möglichst regional hergestellte Produkte.
- Kaufen Sie einen Weihnachtsbaum aus regionalem Anbau.
- Verzichten Sie auf Knaller und Böller zu Silvester – oder reduzieren Sie zumindest das Budget.
- Vermeiden Sie nutzlose Geschenke – fragen Sie besser nach, womit Sie eine Freude machen können.

9.
Medienkonsum, Informations-technologie und Papier: Schweinehundegerechte Tipps für mehr Nachhaltigkeit

Daten fressen nicht nur Speicherplatz ...

... sondern auch Ressourcen. Das Problem ist nur: Man sieht es auf den ersten Blick nicht. Autos blasen ihre Abgase deutlich sichtbar hinaus, das Flugzeug hinterlässt immerhin noch einen Kondens-streifen am Himmel und erinnert so zumindest optisch daran, dass dieses Transportmittel einen ökologisch bedenklichen »Fußabdruck« hinterlässt. Aber ein Mausklick, der die Google-Suche anstößt? Kann der CO_2-Emmissionen verursachen? Ja, kann er, und gar nicht mal zu knapp. Die Zahlen weichen da zwar teilweise erheblich voneinander ab – laut Google selbst erzeugt eine Suche 0,2 Gramm CO_2, nach ande-ren Berechnungen sind es immerhin schon 7 Gramm.[64] Weitgehende Übereinstimmung besteht aber darin, dass die weltweite Nutzung der Informationstechnologie im Jahr 2018 für rund 4 Prozent der globalen CO_2-Emmissionen verantwortlich war. Zum Vergleich: Auf den privaten Flugverkehr entfielen im selben Zeitraum »nur« rund 2,4 Prozent.[65] Haupttreiber dieses Ausstoßes ist der immense Ener-gieverbrauch, den große Rechenzentren haben, über die der weltweite Datenverkehr abgewickelt wird. Allein in Deutschland werden für diesen Wirtschaftszweig jährlich circa 12,5 Milliarden Kilowattstun-den aufgewendet, das ist so viel wie vier mittlere Kohlekraftwerke erzeugen. Datenverkehr aber macht an Grenzen nicht halt, der tat-sächliche Energiebedarf liegt also nochmals höher.

Und dieser Trend ist schwer zu stoppen, da Cloudcomputing immer beliebter wird, der Datenverkehr über Smartphones stetig steigt, Streamingdienste zunehmend klassisches Fernsehen ersetzen. Eine Stunde Netflix streamen erzeugt circa 1,6 Kilo CO_2-Emmissionen.

Manchmal beißt sich die Katze auch in den Schwanz: Modernes, nachhaltiges und ökologisches Energie- und Gebäudemanagement zum Beispiel ist ohne aufwendige EDV-Rechenleistung nicht denkbar ... und erzeugt damit selbst wieder Emissionen, die doch eigentlich vermieden werden sollen. Und das datenintensive Durchrechnen von Klimamodellen, mit deren Hilfe die Folgen des Klimawandels verstanden werden sollen, erzeugt selbst wieder CO_2.

Eine ziemlich vertrackte Situation, aus der wir so richtig auch nicht herauskommen, da wohl kaum jemand auf die Segnungen der modernen IT-Welt verzichten will. Wir müssen aber auch nicht komplett zu Stift und Block zurückkehren – viel ist schon gewonnen, wenn wir überhaupt ein Bewusstsein für die ökologischen Folgen der Nutzung von Internet und Co. entwickeln– weniger also eine »Klickscham«, mehr ein »Klickbewusstsein«.[66]

- **Vermeiden Sie unnötige Suchanfragen** bei Google und Co. Ja, es ist praktisch, geht schnell und ist immer nur einen Mausklick entfernt. Aber denken Sie an den CO_2-Ausstoß: 0,2 Gramm. Und die Wahrheit liegt wahrscheinlich eher irgendwo zwischen 5 und 10 Gramm. Pro Tag verarbeitet Google circa 3,5 Milliarden Suchanfragen. Da machen ein paar Millionen weniger schon was aus. Und Google ist nicht die einzige Informationsquelle der Welt. Es gibt zum einen Suchmaschinen, die explicit auf CO_2-Kompensation setzen: www.ecosia.org zum Beispiel, die Suchanfragen in Aufforstungsprojekte umwandeln. Google selbst geht ähnliche Wege, auch hier sollen Kompensationsprogramme den enormen CO_2-Ausstoß ausgleichen. Von online zu offline: Manch einer hat vielleicht noch – wenn auch nur aus dekorativen Gründen – ein Lexikon (Brockhaus!) im Regal, und – ganz unorthodox – gar nicht mal so selten hilft es auch, einfach den eigenen Denkapparat zu befragen.
- **Reduzieren Sie die Datensammelwut.** Es ist ein Vorwurf, der den Sicherheitsbehörden oft gemacht wird: Dass sie zu viele Daten sammeln. Und wie sieht es mit der privaten Fotosammlung auf dem Smartphone oder in der Cloud aus? Meist nicht viel besser. Tausende Bilder sammeln sich über die Jahre an, ist es doch auch so einfach, ein Motiv mehrere Male zu knipsen (ganz anders als früher

bei den alten Kameras, die mit ihren maximal 36 Bildern pro Film eine natürliche »Knipsbarriere« eingebaut hatten). Aber vielleicht ist es sinnvoller und nachhaltiger, die alten Urlaubsfotos auszusortieren, als einfach mehr Speicherplatz in der Cloud dazuzukaufen oder eine neue Festplatte zu erstehen. Nachhaltiger wäre es auf jeden Fall, denn gespart wird nicht nur der Datentransfer, sondern möglicherweise auch die neue Festplatte, bei deren Herstellungsprozess hochwertige Rohstoffe zum Einsatz kommen.

- **Datenmengen lassen sich aber auch im Unternehmen einsparen.** Unter dem Schlagwort »Green IT« werden Konzepte entwickelt, die den Datenverkehr in Unternehmen verschlanken und zum Beispiel Plattformen einrichten, auf denen wichtige Informationen zentral gespeichert werden. Wer sie braucht, ruft sie ab – aber sie werden nicht per Rundmail verbreitet. Neben solchen Lösungen kann aber auch jeder einzelne Arbeitnehmer etwas tun – zum Beispiel mehr oder minder wahllos weitergeleitete E-Mails (»allen antworten«) vermeiden oder Dateianhänge vor der Weiterverbreitung löschen, sofern sie nicht mehr gebraucht werden. Es sind immer nur ein paar Kilobyte, um die es geht, aber in der Summe milliardenfach versendeter E-Mails entlastet dies die Server enorm.

- **Reduzieren Sie Streamingzeiten** – ja, das mag schwerfallen, und möglicherweise wird der innere Schweinehund da ziemlich maulen. Aber Angebote wie YouTube, Netflix und Co. sind für Hunderte Millionen Tonnen CO_2-Ausstoß verantwortlich – das heißt, letztlich sind es natürlich die Nutzer. Es geht auch sicher nicht darum, komplett zu verzichten. Aber eine Stunde weniger Netflix bedeuten eben auch circa 1,6 Kilo weniger CO_2. Vielleicht mal wieder ein Buch statt der dritten Serienfolge am Abend?

- **Sparen Sie auch bei Hardware Ressourcen ein** Informationstechnologie, Computer und Smartphone altern nach wie vor sehr schnell. Die Branche lebt zu einem beträchtlichen Teil auch davon, dass jährlich neue Geräte auf den Markt kommen, die oft nur wenig mehr bieten als die Vorgänger (also keine neue »Killerapplikation« aufweisen), aber durch neues Design oder kleine Neuerungen eben doch Begehrlichkeiten wecken. »Muss ich haben«, flüstert der Schweinehund, »haben die anderen auch schon.« Aber bedenken

Sie: Die Herstellung dieser Geräte ist alles andere als nachhaltig, Elektronik benötigt immer eine Vielzahl an Rohstoffen, deren Beschaffung zum Teil erhebliche Auswirkungen auf die Umwelt hat. Und natürlich sind die neuesten Geräte von heute immer auch der Elektroschrott von morgen. Wesentlich nachhaltiger ist es daher, den Geräten eine lange Lebensdauer zu ermöglichen, bei der Neuanschaffung den eigenen Bedarf genau zu analysieren und vielleicht auch mal auf ein generalüberholtes statt ein komplett neues Gerät auszuweichen (»refurbished hardware«) – und aussortierte Geräte nicht in der hintersten Schrankecke zu horten, sondern bei den Sammelstellen abzugeben und so die wertvollen Rohstoffe dem Recyclingkreislauf zuzuführen.

Papier sparen – Bäume retten

Rund 250 Kilogramm Papier verbraucht jeder Einwohner Deutschlands pro Jahr, macht summa summarum gut 20 Millionen Tonnen. Wer Papier herstellt, braucht dafür Holz, und an dieser Stelle beginnen die Probleme des hohen Papierkonsums. Der – nicht nur in Deutschland – immens hohe Papierbedarf geht zu Lasten der Waldflächen dieses Planeten. Allein in den Jahren 2000 bis 2012 sind weltweit circa 1,5 Millionen Quadratkilometer Waldfläche verschwunden. Daran ist nicht nur die Papierproduktion Schuld, Regenwald zum Beispielbeispielsweise wird auch aus anderen Gründen abgeholzt (siehe S. 143 u. 158). Andererseits ist der Anteil aber auch nicht so gering, dass es sich nicht lohnen würde, an dieser Stelle anzusetzen. Für den Papierbedarf in Deutschland zum Beispiel werden jährlich 6 Millionen Kubikmeter Holz aus deutschen Wäldern gebraucht, hinzu kommt noch Importholz.

Der Wald aber – beziehungsweise sein Verschwinden – spielt eine große Rolle beim Klimawandel. Wald bindet große Mengen Kohlendioxid, der erkanntermaßen größte Treiber der Klimaveränderung. Der Wald reguliert Wasserkreisläufe und sorgt für Niederschlag. In Gegenden, in denen viel abgeholzt wird, steigt die Dürregefahr, Waldbrände werden begünstigt. Und nicht zuletzt stellt der Wald einen wichtigen Lebensraum für Tiere dar, er sichert die Artenvielfalt. Sein Zurückdrängen ist eine wesentliche Ursache für das Artensterben.

Nicht unerwähnt soll auch bleiben, dass sich die Papierherstellung auch in anderer Hinsicht als Ressourcenverbraucher darstellt, denn es müssen große Mengen Wasser und Energie aufgewendet werden.

Ganz auf Papier zu verzichten, dürfte den meisten schwerfallen – trotz aller Digitalisierung –, denn Papier ist nun mal fester Bestandteil unserer Kultur. Aber es gibt einige Möglichkeiten, den Papierverbrauch zu reduzieren.

- **Wann immer es geht, sollten Sie auf Recyclingpapier ausweichen,** bei Kopierpapier, Küchen- und Taschentüchern, Toilettenpapier und so weiter. Recyclingpapier verbraucht in der Herstellung deutlich weniger Holz und auch deutlich weniger Energie. Da die Sammelquote für Altpapier in Deutschland sehr hoch ist, kann hier zumindest teilweise eine echte Kreislaufwirtschaft verwirklicht werden.
- **Mit Bedacht drucken** Überlegen Sie bei jedem Druckvorgang am Computer, ob er tatsächlich erforderlich ist. Vieles lässt sich am Bildschirm erledigen, ein Kontrollblick erspart vielleicht den erneuten Ausdruck, weil ein Fehler dann rechtzeitig entdeckt wird. Viele Drucker beherrschen heute außerdem Duplexdruck – für Korrektur- oder Archivausdrucke eine praktische Einsparungsmöglichkeit.
- **Papierlose Besprechungen** sind bei Konferenzen und im Büro heute oft schon üblich. Wo das nicht der Fall ist, lohnt es sich, entsprechende Vorschläge zu machen. Das schließt nicht aus, dass wichtige Dokumente dann doch noch gedruckt werden. Aber ob die 48-Folien-Powerpointpräsentation wirklich für jeden Teilnehmer ausgedruckt vorliegen muss, kann man schon mal hinterfragen.
- **Reduzieren Sie überflüssige Kataloge, Werbezusendungen, Broschüren und Magazine**, die Sie sowieso nicht lesen oder die ungelesen in die Papiertonne wandern, wenn zwei Wochen spä-

ter schon der nächste Katalog kommt. Auch das »Bitte keine Werbung«-Schild am Briefkasten hilft mittelfristig, das Papiervolumen zu verkleinern.

- **Wechseln Sie wo möglich auf papierlose Rechnungstellung** Sofern Sie nicht buchhaltungspflichtig sind, ist das auch in steuerlicher Hinsicht unproblematisch. Sollten Sie bisher die gedruckte Fassung bevorzugt haben, weil Sie so besser den Überblick behalten, kann es unter Umständen sinnvoll sein, die Rechnungsdokumente (meist als PDF) in eigene Dateiordner zu sortieren. Wenn Sie natürlich Buchführungspflichten unterliegen, hilft alles nichts: Das Finanzamt will meist immer noch Papier sehen.

- **Reduzieren Sie den Einsatz der Papiertragetasche.** Der Kampf gegen die Plastiktüten hat der Papiertragetasche eine große Renaissance beschert. Dabei ist freilich etwas in Vergessenheit geraten, dass auch die Papiertragetasche keine so makellose Ökobilanz hat. Denn auch wenn sie meist in der (braunen) Optik einer Recyclingtasche daherkommt: Aus Stabilitätsgründen ist die Papiertasche meist aus neuem Papier hergestellt und daher besonders verbrauchsintensiv. So richtig ökologisch wertvoll wird die Tragetasche erst dann, wenn sie mehrfach wiederverwendet wird. Wandert sie nach dem ersten Gebrauch in die Tonne, ist die Bilanz unter Umständen sogar schlechter als die der Plastiktüte, zumindest dann, wenn das Plastik nicht in der Umwelt landet, sondern in der Wertstofftonne. Am nachhaltigsten bleibt also die – möglichst zigfach wiederverwendete – Stofftragetasche.

- **FSC-Logo** Achten Sie beim Kauf von Papier auf das FSC-Logo (www.fsc-deutschland.de). Das Siegel des Forest Stewardship Council sichert die Einhaltung hoher Nachhaltigkeitsstandards bei der Verwendung von Holzprodukten. Weitere relevante Siegel beim Papierkauf sind der »Blaue Engel«, das EU-Ecolabel (www.ecolabel.eu) sowie das PEFC-Zeichen (www.pefc.de).

**Medienkonsum, Informationstechnologie, Papier –
schweinehundegerechte Tipps für mehr Nachhaltigkeit**

- Vermeiden Sie unnötige Suchanfragen bei Google & Co.
- Nutzen Sie, wo möglich, Suchmaschinen, die nachhaltig agieren, zum Beispiel durch CO_2-Kompensation.
- Reduzieren Sie die Speicherplatznutzung von (Cloud)Speichern – misten Sie öfters die Urlaubsfotos und andere speicherintensive Datenbestände aus.
- Regen Sie im Unternehmen die Nutzung zentraler Datenabrufmöglichkeiten an (wenn nicht sowieso vorhanden).
- Schränken Sie die unüberlegte E-Mail-Nutzung (»an alle weiterleiten«) ein und entfernen Sie irrelevante Dateianhänge vor der E-Mail-Weiterleitung.
- Reduzieren Sie die Nutzung von Streamingdiensten – zumindest zeitweise.
- Ermöglichen Sie IT-Geräten eine längere Lebensdauer, überlegen Sie bei der Neuanschaffung elektronischer Geräte, ob es wirklich immer das neueste sein muss oder das alte noch ein Jahr Dienst tun kann.
- Erwägen Sie den Kauf eines generalüberholten Gerätes.
- Stellen Sie sicher, dass aussortierte Geräte über Sammelstellen in den Recyclingkreislauf gelangen.
- Nutzen Sie wann immer möglich Recyclingpapier.
- Vermeiden Sie unnötige Druckvorgänge – und nutzen Sie auch Duplexdruck, um Papier zu sparen.
- Regen Sie im Unternehmen papierlose oder zumindest papierreduzierte Besprechungen an (wenn nicht sowieso längst üblich).
- Widersprechen Sie der Zusendung unnötiger Kataloge, Werbebroschüren und Ähnlichem – das »Bitte keine Werbung«-Schild am Postkasten kann dabei helfen.

- Stellen Sie auf papierlose Rechnungsstellung um (zum Beispiel bei Mobilfunk, Stromanbieter …), sofern Sie keinen Buchhaltungspflichten unterliegen.
- Verwenden Sie Papiertragetaschen möglichst oft wieder – oder verzichten Sie ganz darauf und nutzen Sie Stofftragetaschen oder eine(n) Einkaufskorb/-box.
- Achten Sie beim Kauf von Papierprodukten auf das FSC-Logo.

Mein Nachhaltigkeitsprofil – 11 konkrete Vorhaben aus 111 Tipps

Im Folgenden haben Sie nun Gelegenheit, Ihr persönliches Nachhaltigkeitsprofil zu erstellen. Sie finden hier 111 Tipps für mehr schweinehundegerechte Nachhaltigkeit im Alltag, die alle im dritten Teil des Buches erläutert wurden. Völlig klar ist: Für keine Leserin, für keinen Leser sind alle 111 Tipps gleichermaßen geeignet. Suchen Sie sich deshalb die 11 Tipps heraus, die wirklich zu Ihnen (und zu Ihrem Schweinehund) passen. Wenn Sie diese 11 Tipps dann in Ihrem Alltag umsetzen, ist das schon ein großer Schritt in Richtung nachhaltiges Leben – und es ist ja nicht ausgeschlossen, dass zu einem späteren Zeitpunkt dann nochmal weitere 11 Tipps hinzukommen …

Kreuzen Sie bitte in der nachfolgenden Übersicht zunächst alle Tipps an, die für Sie ohne größeren Aufwand umsetzbar sind und bei denen Ihr innerer Schweinehund Sie wahrscheinlich nicht oder nur geringfügig sabotieren wird. Ebenso kreuzen Sie die an, die zunächst mal eine größere Überwindung bedeuten würden – und der Rest bleibt in der Kategorie »vielleicht«.

Anschließend suchen Sie dann aus den beiden Kategorien »leicht« und »vielleicht« die 11 Tipps heraus, die Sie in den kommenden Wochen umsetzen wollen.

Mein Nachhaltigkeitsprofil	Kann ich umsetzen		
	leicht	viel-leicht	eher nicht
Mobilität			
1. Reisen vermeiden oder reduzieren			
2. CO_2-sparendes Fortbewegungsmittel nehmen			
3. Unvermeidbaren CO_2-Ausstoß kompensieren			
4. Bahn / Fernbus nutzen statt Flugzeug / Auto			
5. Bei Kurzstrecken: Fahrrad nutzen			
6. Mietfahrradangebot nutzen			
7. E-Bike nutzen, vor allem für längere Strecken			
8. Carsharing nutzen, vor allem bei geringer Fahrleistung			
9. Bei Kurzstrecken Auto stehen lassen			
10. Fahrgemeinschaften bilden			
11. Kfz verbrauchsgünstig fahren			
12. Zu Fuß gehen, wann immer möglich			
Strom und Wasser			
13. Ökostrom beziehen			
14. Standby-Betrieb vermeiden			
15. Auf Energieeffizienzlabel achten			
16. LED-Leuchtmittel einsetzen			
17. Wasch-und Spülmaschine nur voll laufen lassen			
18. Kühl- / Gefrierschrank nicht neben die Heizung stellen			
19. Zum Herd passendes Kochgeschirr benutzen			
20. Reparaturmöglichkeiten nutzen, sofern sinnvoll			

Mein Nachhaltigkeitsprofil	Kann ich umsetzen		
	leicht	viel-leicht	eher nicht
21. Räume nicht überheizen, Thermostatventile einbauen			
22. Richtig lüften (»Stoß-«/»Querlüften«)			
23. Fenster und Türen dämmen			
24. Warmwasserboiler richtig temperieren			
25. Sparsprudler / Sparduschkopf nutzen			
26. Spülstoppfunktion einbauen und nutzen			
27. Tropfende Wasserhähne und Spülungen abdichten			
28. Abwasser recyclefähig halten			
Ernährung			
29. Fleischkonsum reduzieren			
30. Beim Fleischkauf: Qualität vor Menge			
31. Ein veganes Restaurant ausprobieren			
32. Saisonal einkaufen			
33. Regional einkaufen			
34. Eingeflogene Ware meiden			
35. Vorwiegend »bio« kaufen			
36. Fisch nur mit Qualitätssiegel kaufen			
37. Nur mit Einkaufsliste kaufen, Spontankäufe meiden			
38. Lebensmittel mit kleinen Schönheitsfehlern kaufen			
39. Lebensmittel mit abgelaufenem MHD verbrauchen			
40. Vorräte richtig lagern			
41. Selbstversorger werden, zum Beispiel Kräutergarten			

Mein Nachhaltigkeitsprofil	Kann ich umsetzen		
	leicht	viel-leicht	eher nicht
Einkauf und Konsum			
42. Kaufen nur bei Bedarf			
43. Unnötige Rücksendungen im Onlinehandel vermeiden			
44. Nachhaltig agierenden Onlinehandel nutzen			
45. Auf Siegel achten, die Nachhaltigkeit garantieren			
46. Mehr Qualität, weniger Quantität kaufen			
47. Gegenstände und Kleidung länger nutzen			
48. Secondhandhandel nutzen			
49. Schmutzabweisende/bügelfreie Kleidung meiden			
50. Auf Pelz verzichten (egal ob echt oder »fake«)			
51. Palmöl vermeiden oder reduzieren			
52. Umweltverträgliche und nachhaltige Putzmittel wählen			
53. »Uromas Hausmittel« nutzen (zum Beispiel Soda)			
54. Naturkosmetika bevorzugen			
Plaste und Elaste			
55. Plastiktüten meiden			
56. »Hemdchentüten« vermeiden			
57. Ware lose einkaufen			
58. Umweltverträglich eingepackte Ware kaufen			
59. Ware in mitgebrachte Behältnisse füllen			
60. Mehrwegverpackungen nutzen (vor allem bei Flaschen)			
61. Leitungswasser als Trinkwasser nutzen			

Mein Nachhaltigkeitsprofil	Kann ich umsetzen		
	leicht	viel-leicht	eher nicht
62. Frischhalte- und Alufolie vermeiden			
63. Küchenwerkzeug aus Holz / Edelstahl / Glas nutzen			
64. Plastikstrohhalme vermeiden (solange nicht verboten)			
65. Coffee-to-go-Becher aus Plastik vermeiden			
66. Bei Kosmetika Nachfüllpackungen verwenden			
67. Einweghygieneartikel vermeiden			
68. Großpackungen kaufen			
69. Mikroplastikhaltige Kosmetika meiden			
Müllvermeidung und Mülltrennung			
70. Müll vermeiden (überlegtes Einkaufen und Entsorgen)			
71. Mehrwegverpackungen / Nachfüllprodukte nutzen			
72. Beim Kauf auf Reparaturmöglichkeit achten			
73. Lebensdauer verlängern durch »zweites Leben«			
74. Müll richtig trennen			
Haus und Garten			
75. Zeitlose Möbel kaufen, Möbel länger nutzen			
76. Möbel mit Zertifikaten kaufen, zum Beispiel FSC			
77. Auf Tropenholz verzichten			
78. Bei Leder auf Herkunft und gegebenenfalls Siegel achten			
79. Einheimischen Pflanzen den Vorzug geben			
80. Naturbelassene Pflanzenarten statt Zuchtform			

	Mein Nachhaltigkeitsprofil	Kann ich umsetzen		
		leicht	viel- leicht	eher nicht
81.	Auf chemischen Dünger und Pestizide verzichten			
82.	Torffreie Erde verwenden			
83.	Möglichst mit Regenwasser bewässern			
84.	Gartenteil »sich selbst überlassen«			
	Urlaub, Partys, Freizeit, Feste			
85.	Achtlos weggeworfenen Müll beseitigen			
86.	Beim Sportkleidungskauf auf Nachhaltigkeit achten			
87.	Handtücher im Hotel länger als einen Tag nutzen			
88.	Elektrogeräte bei Urlaubsabwesenheit vom Netz trennen			
89.	Kein Einmalgeschirr / -besteck (solange noch zulässig)			
90.	Kein Einmalgrill aus Aluminium			
91.	Holzkohle aus FSC-zertifizierter Herstellung verwenden			
92.	Fleischkonsum bei Grillpartys reduzieren			
93.	Weihnachtsbaum aus regionalem Anbau kaufen			
94.	Auf Raketen und Böller zu Silvester verzichten			
95.	Nutzlose Geschenke vermeiden			
	Medienkonsum, Informationstechnologie, Papier			
96.	Unnötige Suchanfragen vermeiden			
97.	Nachhaltig agierende Suchmaschinen nutzen			
98.	Speicherplatznutzung reduzieren (Cloud / Festplatte)			

Mein Nachhaltigkeitsprofil		Kann ich umsetzen		
		leicht	viel- leicht	eher nicht
99.	Zentrale Datenplattformen nutzen			
100.	Unüberlegte E-Mail-Nutzung / Dateiversand reduzieren			
101.	Streaming reduzieren			
102.	Lebensdauer von IT-Geräten verlängern			
103.	Generalüberholte Geräte nutzen			
104.	Aussortierte Geräte an Sammelstellen abgeben			
105.	Recyclingpapier nutzen			
106.	Unnötige Drucke / Kopien vermeiden			
107.	Papierlose / -reduzierte Besprechungen anregen			
108.	Werbungszustellung widersprechen			
109.	Auf papierlose Rechnung umstellen			
110.	Papiertragetaschen mehrfach verwenden			
111.	Auch bei Papierprodukten auf das FSC-Siegel achten			

Und nun suchen Sie bitte aus den beiden Kategorien »leicht« und »vielleicht« die 11 Tipps heraus, die Sie in den kommenden Wochen umsetzen wollen – auch nicht alle auf einmal, sonst rebelliert Ihr treuer Begleiter möglicherweise (keine Überforderung!), aber einer nach dem anderen. Und da es sich ja um Tipps handelt, die Ihnen sowieso »leicht« fallen, dürfte der Widerstand Ihres Schweinehundes nicht allzu groß sein. Hierzu wünsche ich Ihnen gutes Gelingen und nachhaltigen Erfolg!

11 nachhaltige Vorhaben für die nächsten Wochen
1.
2.
3.
4.
5.
6.
7.
8.
9.
10.
11.

Kleines Nachhaltigkeitslexikon für Ihren inneren Schweinehund

Biodiversität = biologische Vielfalt

Cradle to Cradle (C2C) = Produktion »von Wiege zu Wiege«. Sie orientiert sich am Nährstoffkreislauf der Natur und gilt als zukunftsweisende Produktionsweise im Sinne der Nachhaltigkeit. Der Produktkreislauf wird so gestaltet, dass nach der Nutzung kein »Abfall« entsteht (der entsorgt werden muss), sondern ein biologischer (oder technischer) Nährstoff, aus dem wiederum das neue biologische (oder technische) Produkt entsteht. Beispiele: Kompostierbares T-Shirt von Trigema; Ökoleasing von Teppichen (wobei die Kunden den Teppich nicht kaufen, sondern lediglich seine Nutzung bezahlen, so dass der Hersteller sicherstellt, die verwendeten Materialien nach Gebrauch wieder in den technischen Stoffkreislauf einzuführen).

Glokalität (»think global, act local«) = Verknüpfung von Globalität und Lokalität

Green Economy = mit grünen Produkten Geld verdienen (also sowohl umweltverträglich als auch profitabel zu wirtschaften)

Blue Economy = eine Weiterentwicklung der Green Economy im Sinne von radikalen Innovationen. Abfälle können dabei für eine noch sinnvollere Verwertung genutzt werden. Beispiele: eine Pilzzucht aus Kaffeeabfällen (da Koffein das Pilzwachstum beschleunigt), Schlachtabfälle, die als Fischfutter verwendet werden.

Leitstrategien: Suffizienz, Konsistenz, Effizienz

Diese drei grundlegenden Prinzipien sind *in schrittweiser Reihenfolge* zu befolgen.

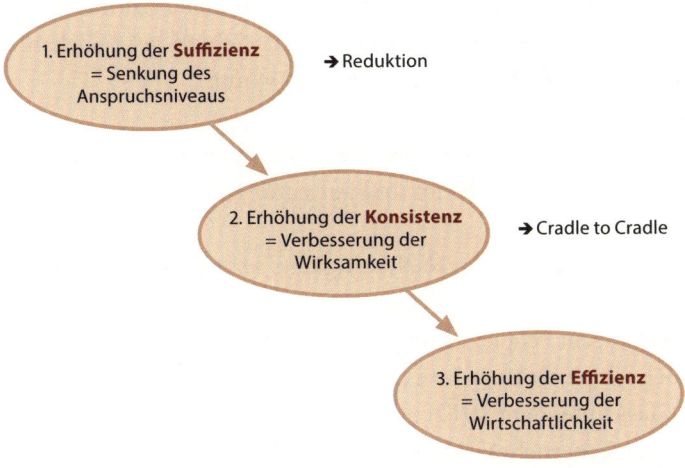

- Zunächst ist zu fragen, ob durch **Erhöhung der Suffizienz** (also durch Senkung des Anspruchsniveaus) das ökologische Ziel erreicht wird. Dabei liegt der Fokus auf der Genügsamkeit (»sufficient« = ausreichend). Nach dem Motto: »Weniger ist mehr« tritt Lebensqualität an die Stelle von Wirtschaftswachstum. Beispiele: Carsharing statt Autokauf, Slow Food statt Fast Food.
- Soweit dies nicht möglich erscheint, ist zu prüfen, ob eine **Erhöhung der Konsistenz** (also eine Verbesserung der Wirksamkeit) zum Ziel führt, vor allem durch Imitation der Natur und ihrer geschlossenen Kreislaufsysteme. Vor allem mit dem sogenannten Cradle-to-Cradle-Kreislauf, bei dem Abfall als Ausgangsmaterial für ein neues Produkt verwendet wird (siehe oben).
- Erst wenn auch das verneint wird, sollte versucht werden, durch **Erhöhung der Effizienz** die Wirtschaftlichkeit zu verbessern. Durch ressourcenschonende Varianten wie beispielsweise sparsamere Autos oder energieeffizientere Haushaltsgeräte. Laut Untersuchungen kann dabei mit dem gleichen Input ein bis zu zehnfacher

Output generiert werden. – Kehrseite der Effizienz ist allerdings der sogenannte Rebound- oder Bumerang-Effekt (hierzu im Folgenden).

- Der **Rebound-Effekt**: Kann durch Erhöhung der Effizienz das Produkt günstiger angeboten werden, kaufen die Konsumenten mehr davon oder ersetzen es häufiger. Der »Schuss geht nach hinten los« – daher auch Bumerang-Effekt genannt.

Nachhaltigkeit = Nutzung eines regenerierbaren Systems, so dass das System selbst erhalten bleibt und auf natürliche Weise erneuert werden kann.

Die drei Aspekte der Nachhaltigkeit: *sozial, ökonomisch, ökologisch.*

Neudeutsch: People, Profit, Planet (PPP).

Auch »Triple-Bottom-Line« (TBL) genannt, womit darauf verwiesen wird, dass unter dem Strich neben »konventionellen« Bewertungskriterien für Unternehmenserfolg alle drei PPP-Kriterien relevant sind: People, Profit, Planet (TBL ist also nur ein alternativer Begriff zu PPP).

Nachhaltigkeitsbegriffe:

- **Corporate Social Responsibility** (CSR) = unternehmerische Gesellschaftsverantwortung. Der freiwillige Beitrag von Unternehmen zu einer nachhaltigen Entwicklung, der über die gesetzlichen Forderungen (der Compliance) hinausgeht.
- **Corporate Citizenship** (CC) = das bürgerschaftliche Engagement in und von Unternehmen, die sich über die eigentliche Geschäftstätigkeit hinaus wie »gute Bürger« für die Zivilgesellschaft und für ökologische Belange einsetzen.
- **Corporate Governance** = die Gesamtheit aller Regeln, die für ein Unternehmen gelten.
- **Corporate Responsibility** (CR) = Unternehmensverantwortung im weiteren Sinne (der Begriff umfasst CSR, CC und Corporate Governance)

Nachhaltigkeitsmodell:

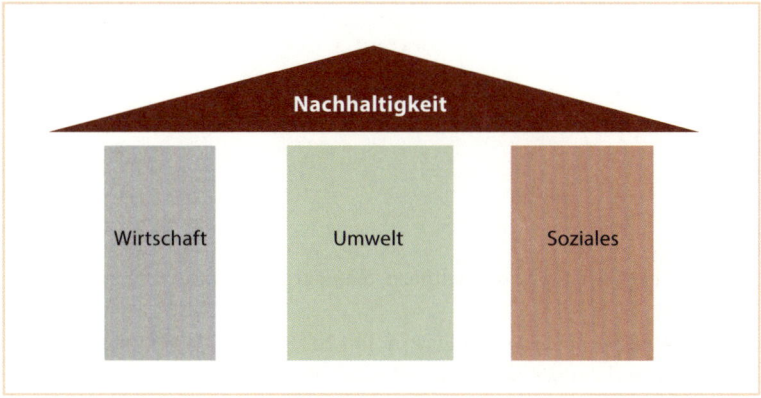

Das Dreisäulenmodell

Anmerkungen

1. Zit. bei Christoph von Eichhorn, *Süddeutsche Zeitung* vom 10.9.2020, S. 11.
2. So eine der neuesten Studien, im Juli 2020 im *Reviews of Geophysics* veröffentlicht, zit. bei Stefan Schmitt, »Der zarte Planet«, *Die Zeit* vom 13.8.2020, S. 35.
3. Angelika Jung-Hüttel, »Grönland steht auf der Kippe«, *Süddeutsche Zeitung* vom 10.9.2020, S. 11.
4. Sören Müller-Hansen und Julian Bodemann, »Die vergessene Katastrophe«, *Süddeutsche Zeitung* vom 26.8.2020, S. 13.
5. Bernd Ulrich, »Wir gegen uns«, *Die Zeit* vom 17.9.2020, S. 1.
6. Müller-Hansen / Bodemann, a. a. O.
7. Hubert Wetzel, »Es brennt an allen Enden«, *Süddeutsche Zeitung* vom 12./13.9.2020, S. 10.
8. Zit. bei Müller-Hansen / Bodemann, a. a. O.
9. Tina Bayer, »Ein langer Abschied«, *Süddeutsche Zeitung* vom 16.9.2020, S. 13.
10. Zit. bei Christoph von Eichhorn, »Der vermüllte Ozean«, *Süddeutsche Zeitung* vom 20.8.2020, S. 12.
11. Zit. bei Bayer, a. a. O.
12. Vgl. Ulrich Grober, »Aufbruch ins Grüne«, *Die Zeit* vom 9.1.2020, S. 19.
13. Hans Carl von Carlowitz, *Sylvicultura Oeconomica*, Kessel-Verlag, Remagen 1732 (Neuauflage 2009).
14. Vgl. Iris Pufè, *Nachhaltigkeit*, UTB, Stuttgart 2017, S. 37.
15. Siehe Ulrich Grober, *Die Entdeckung der Nachhaltigkeit, Kulturgeschichte eines Begriffes*, Kunstmann-Verlag, München 2010.
16. Zit. bei Pufé, a. a. O. S. 42.
17. Jonathan Franzen, *Wann hören wir auf, uns etwas vorzumachen?*, Rowohlt, Hamburg 2020, zit. u.a. bei Ulrich Schnabel, »Was, wenn es so kommt?«, *Die Zeit* vom 30.1.2020, S. 37, und bei Alex Rühle, »Die edlen Milden«, *Süddeutsche Zeitung* vom 4.2.2020, S. 14.

18. Vgl. dazu Schnabel, a. a. O., S. 38
19. Zit. bei Fabian Müller und Veronika Wulf, »Nur demonstrieren nützt nichts«, *Süddeutsche Zeitung* vom 29./30.8.2020, S. 10.
20. Uwe Jean Häuser, »Ja, aber …«, *Die Zeit* vom 19.2.2020, S. 23.
21. Zit. bei Harald Lesch und Klaus Kamphausen, *Wenn nicht jetzt wann dann? Handeln für eine Welt, in der wir leben wollen*, Penguin, München 2018, S. 29.
22. Lisa Schnell, »Reden über den Klimawandel«, *Süddeutsche Zeitung* vom 14.2.2020, S. 37.
23. Armin Falk, »Ich und das Klima«, *Süddeutsche Zeitung* vom 20.11.2019, S. 31.
24. Armin Falk, ebenda.
25. Karl-Josef Laumann, zit. bei Uwe Jean Häuser, »Ja, aber …«, *Die Zeit* vom 13.2.2020, S. 23.
26. Reinhard Sprenger, *Die Entscheidung liegt bei Dir! Wege aus der alltäglichen Unzufriedenheit*, Campus, Frankfurt 2016.
27. Zit. bei Fabian Müller und Veronika Wulf, »»Wir müssen handeln«, *Süddeutsche Zeitung* vom 29./30.8.2020, S. 10.
28. Armin Grunwald und Jürgen Kopfmüller, *Nachhaltigkeit*, Campus, Frankfurt 2012, S. 192.
29. Jens Flottau, »Forschen für die Zeit nach Corona«, *Die Zeit* vom 1.9.2020, S. 17.
30. Grunwald/Kopfmüller, a. a. O. S. 194.
31. Heike Buchter, »Aus Schwarz mach Grün«, *Die Zeit* vom 23.1.2020, S. 24.
32. João Paolo Braga und Willi Semmler, »Mit Ökonomie das Klima retten?«, *Die Zeit* vom 5.3.2020, S. 29.
33. Marcel Grzanna, »Liebling der Ökoanleger«, *Süddeutsche Zeitung* vom 6.8.2020, S. 21.
34. Christine Mattauch, »Mein Forst, mein Holz«, *Süddeutsche Zeitung* vom 29./30.8.2020, S. 41.
35. Grunwald/Kopfmüller, a. a. O, S. 141/142.
36. Rebekka Gottlieb, »Kombination mit Aha-Effekt«, *Süddeutsche Zeitung* vom 17.7.2020, S. 23.
37. Joybrato Mukherjee, »Lernt planetares Denken!«, *Die Zeit* vom 28.5.2020, S. 37.
38. Marc Wallert, *Stark durch Krisen*, Econ, Berlin 2020.
39. Pufé, a. a. O. S. 26.
40. So Alexander Christiani, *Weck den Sieger in dir, In 7 Schritten zu dauerhafter Selbstmotivation*, Gabler, Wiesbaden 2008.
41. Schneider, Reto U.: Adler gegen Klapperschlangen. *NZZ Folio*, Oktober

2005, https://folio.nzz.ch/2005/oktober/adler-gegen-klapperschlangen (abgerufen 08.11.2020).

42. https://www.bund.net/themen/mobilitaet/infrastruktur/luftverkehr/, abgerufen 12.10.2020.

43. Umweltbundesamt: Klimawirksamkeit des Flugverkehrs, https://www.umweltbundesamt.de/sites/default/files/medien/377/dokumente/klimawirksamkeit_des_flugverkehrs.pdf, abgerufen 12.10.2020.

44. Statistisches Bundesamt: Wachsende Motorleistung der PKW führt zu steigenden CO_2-Emissionen, Pressemitteilung Nr. 459 vom 26.11.2018.

45. Pauly, Marcel, »Deutschlands größte Klimasünder«, *Spiegel Online*, https://www.spiegel.de/wissenschaft/mensch/deutschland-das-sind-die-groessten-klimasuender-a-1178207.html, zuletzt abgerufen 11.10.2020.

46. co2online.de, https://www.co2online.de/energie-sparen/strom-sparen/strom-sparen-stromspartipps/was-ist-echter-oekostrom/, zuletzt abgerufen 12.10.2020

47. Quelle: Statistisches Bundesamt, Destatis https://www.destatis.de/DE/Themen/Laender-Regionen/Internationales/Thema/landwirtschaft-fischerei/tierhaltung-fleischkonsum/_inhalt.html, abgerufen 7.11.2020

48. https://www.moderne-landwirtschaft.de/fressen-die-tiere-uns-das-getreide-weg, abgerufen 29.7.2020).

49. Vgl. *Frankfurter Rundschau*, https://www.fr.de/wissen/verdraengte-klima-gefahr-11067492.html, abgerufen 29.7.2020.

50. Umweltbundesamt, https://www.umweltbundesamt.de/print/31230, abgerufen 29.7.2020.

51. Volland, Leena und Florian Schreckenbach, *Dein Weg zur Nachhaltigkeit*, BoD, 2016, S. 27.

52. Volland/Schreckenbach, a. a. O.

53. https://www.welthungerhilfe.de/aktuelles/blog/lebensmittelverschwendung/#:~:text=1%2C3%20Milliarden%20Tonnen%20Nahrungsmittel,Lagern%2C%20L%C3%A4den%20und%20Haushalten%20verdirbt, abgerufen 30.7.2020.

54. https://utopia.de/penny-krummes-gemuese-bilanz-27446/, abgerufen 30.7.2020; https://penny-gruener-weg.de/kostbares-retten, abgerufen 30.7.2020.

55. *Süddeutsche Zeitung* vom 11.3.2020, S. 18.

56. Siehe zum Beispiel https://www.geo.de/natur/nachhaltigkeit/18054-rtkl-verbrauchertaeuschung-echtes-fell-wird-oft-als-kunstpelz-verkauft-so, abgerufen 30.7.2020.

57. https://newsroom.kunsttoffverpackungen.de/2019/10/18/k-2019-plasticseurope-praesentiert-plastics-the-facts-2019/

58. *Süddeutsche Zeitung* vom 9.1.2020, Nr. 6, S. 29.
59. https://www.bundesregierung.de/breg-de/themen/nachhaltigkeits-politik/einwegplastik-wird-verboten-1763390, abgerufen am 14.8.2020
60. *Die Zeit* vom 9.1.2020, S. 36, Grafik.
61. https://www.zeit.de/news/2019-10/01/neue-regeln-fuer-haushalts-geraete-reparieren-statt-wegwerfen, abgerufen am 5.8.2020.
62. https://www.sueddeutsche.de/wirtschaft/plastik-dm-rossmann-recycling-1.4552045, abgerufen 12.10.2020.
63. Drösser, Christoph und Max Rauner, »Der Irrsinn und die Abfalleimer«, *Die Zeit* vom 5.3.2020, S. 33 f.
64. *Süddeutsche Zeitung* vom 7.10.2019, S. 11.
65. Röhlig, Marc, »Streaming ist eine der größten CO_2-Schleudern – doch es gibt Lösungsansätze für das Problem«, zuerst veröffentlicht auf *Bento*, https://www.spiegel.de/kultur/tv/klickscham-wie-viel-co2-streaming-und-googlen-verursacht-und-welche-loesungen-es-gibt-a-c6e5ff54-71e9-46da-80cf-6ee1547d8b3a, zuletzt abgerufen 15.10.2020.
66. Röhlig, a. a. O.

Literatur

Dyer, Harriet: *Der kleine Nachhaltigkeitsguide.* München: arsEdition, 2019

Eck, Janine: *100 Dinge, die du für die Erde tun kannst.* Köln. Schwager & Steinlein Verlag, 2019

Foer, Jonathan Safran: *Wir sind das Klima! Wie wir unseren Planeten schon beim Frühstück retten können.* Köln: Kiepenheuer & Witsch, 2019

Göpel, Maja: *Unsere Welt neu denken. Eine Einladung.* Berlin: Ullstein Buchverlage, 2020

Grundwald, Armin; Kopfmüller, Jürgen: *Nachhaltigkeit.* Frankfurt/New York: Campus, 2012

Katapult (Hrsg.): *102 grüne Karten zur Rettung der Welt.* Berlin: Suhrkamp Verlag, 2020

Kluth, Silke: *Selbstversorgt – Das Startprogramm für Einsteiger.* München: Gräfe und Unzer, 2020

Lesch, Harald; Kamphausen, Klaus: *Wenn nicht jetzt, wann dann? Handeln für eine Welt, in der wir leben wollen.* München: Penguin, 2019

Ohne Autor: *Die Öko Challenge. Bewusster leben und konsumieren.* Grünwald: Komplett-Media, 2019

Ohne Autor: *Every day for future. 100 Dinge, die du selbst tun kannst, um das Klima zu schützen, nachhaltig zu leben und die Natur zu bewahren.* Stuttgart: frechverlag, 2019

Ohne Autor: *Plastikfrei leben.* Berlin, Selbstverlag, 2019

Precht, Frerik: *Every Day for Future – Digital & Technik: 75 Dinge, die du selbst tun kannst, um nachhaltiger online zu sein und Technik bewusst einzusetzen.* Stuttgart: frechverlag, 2020

Pufé, Iris: *Nachhaltigkeit.* Konstanz/München: UVK Verlagsgesellschaft, 2017

Rifkin, Jeremy: *Der globale Green New Deal. Warum die fossil befeuerte Zivilisation um 2028 kollabiert – und ein kühner ökonomischer Plan das Leben auf der Erde retten kann.* Frankfurt/New York: Campus, 2019

Rosling, Hans: *Factfulness. Wie wir lernen, die Welt so zu sehen, wie sie wirklich ist.* Berlin: Ullstein Buchverlage, 2018

Sander, Beate: *Gutes Gewissen und dennoch erfolgreich: Börsenerfolgsformel Nachhaltigkeit – Anlage in Aktien, ETFs und Fonds*. München: Finanzbuch Verlag, 2020

Schulz, Christoph: *Nachhaltig leben für Einsteiger. Schritt für Schritt den Unterschied machen*. München: mvg Verlag, 2020

Schulz, Christoph: *Nachhaltig reisen für Einsteiger: Umweltfreundlich Urlaub machen und die Welt entdecken*. München: mvg Verlag, 2020

Schulz, Christoph: *Plastikfrei für Einsteiger: Für ein nachhaltiges Leben ohne Plastik mit Tipps für Zero Waste Anfänger und alle, die Plastikmüll im Alltag vermeiden möchten*. München: mvg Verlag, 2019

Smarticular.net (Hrsg.): *Plastiksparbuch*. Berlin: smarticular Verlag, 2019

Sonnrieder, Jasper: *Plastikfrei leben trotz Alltagsstress*. Selbstverlag, 2019

Volland, Leena; Schreckenbach, Florian: *Dein Weg zur Nachhaltigkeit. 350 praktische Tipps für den Alltag*. Norderstedt: BoD – Books on Demand, 2016

von Münchhausen, Marco: *So zähmen Sie Ihren inneren Schweinehund. Vom ärgsten Feind zum besten Freund*. Frankfurt/New York: Campus, 2002/2020

Dr. Marco Freiherr von Münchhausen

ist renommierter und vielfach ausgezeichneter
Keynote Speaker und Trainer im Bereich Persönlichkeits-
und Selbstmanagement.

Seine Vorträge und Seminare hält er europaweit
u. a. zu folgenden Themen:

- **Effektive Selbstmotivation – So zähmen Sie Ihren
  inneren Schweinehund**
  Verwirklichen Sie Ihre persönlichen Ziele und Visionen
  effektiver und mit weniger Reibungsverlusten

- **Nachhaltigkeit**
  Wie Sie auch mit einfachen Mitteln zu einer lebenswerten
  Welt beitragen

- **Das digitalisierte Gehirn**
  Wie die Konzentration verloren ging – und wie wir sie
  wiederfinden

- **Smart kommunizieren**
  Tools und Tricks für eine optimale Verständigung

- **Innere Stabilität**
  Was uns in bewegten Zeiten Halt gibt: Effektive Strategien
  für ein ausgeglichenes Leben

Informationen und Buchung:
www.vonmuenchhausen.de